西方寓言故事的心理效應——刺蝟效應（Hedgehog Effect）。兩隻刺蝟在天氣冷的情況下自然會相互依偎，但他們靠得越近，身體上的刺就越容易傷害到另一半，如果稍微保持一定的距離，不僅彼此能取暖，還能維持良好互動。

你搭捷運，只要不是太擠，都會選擇一個人少的地方，站著或坐著，為什麼大家都會有這樣的行為呢？這就是「刺蝟效應」的心理學概念，強調人際互動中的心理距離，恰恰也透露出你剛認識了一位女生，總以為靠得越近關係就越好。但真正靠近後，你會發現對方慢慢疏遠你了，吸引力在這種空間的侵犯下會慢慢下降，甚至隨著時間的增長，女生會厭煩這種模式，開始冷淡下來，直到受不你，把你加入黑名單……

就算女生中途向你敞開心扉，但也不代表你有權利去佔領對方的全部，你愛她但要在尊重對方的隱私和自由的前提下。這樣才能擁有一段舒適、不累人的關係。所以啊！無論兩個人是什麼關係，都要懂得分寸，就是有距離的相處。這就是——男女之間的「刺蝟心理學」囉！

男人和女人的關係，就像兩隻刺蝟——
遠離了那沒交集，靠近了怕互相傷害！

男女刺蝟心理學

麥朵琳　著

前言

有位男士來到百貨公司，想買個禮物給太太，一不小心被大拍賣的人潮給捲進去。在混亂的人群當中，大家都推來擠去地在搶購，他起先還儘量忍耐，最後沒辦法，只好用胳臂向外面頂著，想辦法擠出去。

「喂！」人群中有一個女人叫道：「先生，你風度好一點嘛！」

「已經不行了。」男人答道：「我在這裡像個紳士已經一個多小時了，現在，我只想像個淑女罷了！」

女人是一種十分可愛的動物，關於這一點，我想沒人會反對吧!?

每一個人都認為——「最洞悉自己內心者，莫過於自己。」

事實上並不一定如此，有時認為既然是自己的事情，無論是表裏，最清楚者莫過於自己。然而，最不清楚自己立場的人，竟然多得令人意外。這表示要自我理解已經很難，更何況是他人？尤其是涉及異性的心理，欲完全了解的話，實在是困難重重。

「什麼？想理解異性的心理狀態嗎？那還不簡單！」如此，無根無據的高估自己，實在是一件很危險的事情。以現今的環境來說，光是經營一個公司，就必須徹底的評估它的可行性，更何況要理解瞬息萬變的異性心理？所以實在是不宜大言不慚地高呼——「那還不簡單！」

阿力是水電工，也兼油漆匠的工作。有一天他去幫人家重新刷牆壁，臨走前他特地交代漂亮的女主人，到隔天早上之前，千萬不要去碰粉刷過的地方。可是，當天晚上主人回家時，就已經在臥室牆上留下一個大手印。

第二天下午，阿力來粉刷廚房時，那位漂亮的太太抓著他說：「阿力，你先來臥室一下，看看我先生昨晚摸過的地方。」

阿力吸了一口氣，幽幽地說：「太太，今天已經夠忙了，如果妳還要我做那件事的話，能否請妳先幫我沖杯咖啡，再付我一些加班費！」

由此可見，男人是一種多麼「自以為是」的動物！不過，也由於男女兩性間之差異，才會產生追逐異性，繼而產生妙不可言的樂趣。這對男人或女人來說，實在是一種莫大的享受，而在互相追逐的過程中，也會因為戰略上的需求，必須「知己知彼」，才能贏得對方的情感。所以研究兩性的心理學，也就成了十分熱門的話題。

本書拋開學院派的論述，以不拘小節隨興的方式為大家演出，希望這別具一格的寫法，能使「世間男女」更加喜愛這門有趣的心理學！

目錄

第一章　男性心理分析

第三章 男性與女性的差異

第一章 男性心理分析

為何男人立刻振奮起來

有人說，一個美式足球的教練，如果不了解年輕人，那他可能就無法勝任這項職務了。

德州某大學的球隊在一場重要的比賽當中，前半場被打得落花流水，一副就快要敗北的樣子。在中場時，教練讓大家圍成一個圓圈打氣，可是情況並沒有多大改變。大家都默不出聲，教練也保持靜默……不久，後半場即將開始，在圓圈解散前，教練突然了一句話——

「喂！你們這群野蠻小子，爲了晚上那些脱得光溜溜的娘們，你們可要好好地給我振奮起來哦！」

結果，後半場結束時，他們贏得了這場比賽的勝利！

看到了政府的拒抽二手菸的電視廣告、望著那穿熱褲露出一雙修長大腿的俏妞看板，馬上對著「她」說——

「好吧！從今天起，我要戒菸！」

看了松嶋菜菜子的麒麟啤酒廣告，在甜美笑容的攻擊下，立刻就說——

「從今天起，我要改喝麒麟了！」

總而言之，男人都有立刻振奮起來的習性，這到底是爲什麼呢？

一年又過去了，迎接元旦時，就下定決心說——

「在今年，我非得把英語學好不行！」

或對著鏡子自言自語——

「今年，我一定要把公司那位新來的漂亮美眉約出去……」等等。

諸如此類，在大年頭發出豪語的男性，在我們的周圍一定不少。還有一些男人喜歡在自己房裡的牆壁貼著「天助自助」或「我一定要爭取業績前三名」的紙條。

男人爲何容易振奮呢？一言以蔽之，男人本來就是浪漫主義者的緣故。

就實際而言，看到俏妞立刻想停止抽菸或每天早晨從不間斷地收聽教學節目來學好英語，這並非很容易就能辦到的事情（如果能夠做到的話，老早就做到了。）雖然過去的「實績」叫人不敢恭維，效果也等於零，但是男人總認爲——如以某一日爲界限，必能把事情辦成！

（當然由台啤改喝麒麟一定會成功，不過並不是因爲松嶋菜菜子，如果改由林志玲代言，他也會喜歡！最主要是——他還在喝啤酒。）

總而言之，對明日的自己寄以厚望的男人——這不是浪漫主義者，又是什麼呢？

（我很容易振奮起來，也很快的就會冷淡下來……）

男人絕對不會如此的垂頭喪氣，而會堅信「這一次必能辦到！」的奇蹟。這一類的男人，多多少少具有唐吉訶德的氣質。有著突飛猛進的傾向，而且具有樂觀的天性。

正因爲如此，縱使不能遵守誓言，亦不致陷入痛苦的深淵。

（唉……怎麼又是五分鐘熱度呢？這可不行啊……）

說罷，抓抓頭髮、扮個鬼臉，一切又成爲過去了——也就是，呈現出「突發性的振奮狀態」而已。基於性格學方面來說，此種症狀多見於躁鬱症的「浮躁型」之人。

不過，將之付之一笑，也未免太殘忍了一些。縱然不能持久，好歹他已經採取了「好好幹」的態度……身爲女性的妳，最好承認並且讚許這一點。

一般而言，男人比女人更喜歡把生活理論化；說得更明白一點，男人喜歡過他們能夠理解的生活方式。

（日復一日，不知爲了什麼而活著……）

男人最厭惡這種生活方式。是故一旦聽到有人閱讀偉人的傳記時，他們會痛定思痛的反省，勃然萌出幹勁。這種心理表現，可解釋爲——他們想把自己的原則，帶進日常生活裏面。大致上說來，男人是一種喜歡揭示標語的族群。

至於不斷的重複「五分鐘熱度」，那是個人的自由，外人干涉不得。然而，偏偏就有一些人，強迫他人接受他個人的生活信條。尤其是上了年紀的人們，時常有這種的作爲。

記得有一次，出席某個政府官員兒子的婚宴。當時就有處長、局長等以「長」字爲頭銜的人發表賀辭。天曉得這些人家的賀辭又臭又長，而且充滿了訓示的味道。或許他們不曾聽到過——宴席上的賀詞，應像女人的裙子，越短越好的說法吧！

「嗯……我想送給這對年輕的新人，開創新人生的三大法則。它們就是——勇氣、耐心和旺盛的精力。很遺憾的，我無法教你們變成富有的方法……至於上述的三法則嘛……」

他的解釋拖拖拉拉的，又臭又長，眞像老太婆的裹腳布。使我深深感到……喜歡無聊說教、愛管閒事的人，仍然大有人在哩！

我們最好改正饒舌、愛管閒事的個性。碰到你周圍有人「期待新的一年」而希望有突破時，你別對他潑冷水說——

「你又來了！別儘是開空頭支票啊……到時你會漏氣的呀！」

妳要知道，這也是一種饒舌，以及愛管閒事的現象。不過話說回來——對於一個女人來說，男人對妳說出的話語，仍然不能掉以輕心，妳還是得小心爲妙。

「志玲，我會愛妳一輩子。我對妳發誓，絕對不拈花惹草，如果妳答應嫁我，我將會是世界上最幸福的男人，我會一輩子都感激不盡！」

像這一類的誓言，簡直跟夢囈一般有兩樣。以世間男人來說，能做到的，又有幾個呢？除了昏了頭的女人，才會相信了吧！

男人為何喜歡固執己見

已經活到七十五歲的老翁，突然決定要娶一個二十歲的年輕女子。家人一聽都極爲震驚，大家想盡辦法要打消他這個念頭，於是就請到了八十歲的里長伯來幫忙規勸。但里長伯的話，老人家一點也聽不進去，於是里長伯就建議在他們家另外再安排一位年輕的房客。

里長伯以爲現在阻止他們已經不可能了，倒不如安排一位年輕人，一方面可以幫助老人的年輕妻子，另一方面能在不傷害老人的情況下，阻止這段婚姻。

這個提議對里長伯來說雖然略大膽，但老人卻欣然接受——

「只要我的家人不反對的話，我也就沒話說了。」

里長伯於是鬆了口氣，家人也放心了。兩個月之後，里長伯去拜訪這對新婚夫婦，卻發覺老人比以前顯得更年輕，更生氣蓬勃。

老人對里長伯感謝道：「能照你的建議做眞是好極了，託你的福，我的妻子現在已經懷孕了。」

「是嗎？那……那位房客『他』還好吧？」

老人笑嘻嘻地回答：「當然很好，『她』現在也正在待產中呢！」

「你別攔住我！這是男人的事！」或者「身爲男子漢，怎能沒有志氣呢！」等等，男人似乎很喜歡固執己見。

「你呀！眞是不爭氣！窩囊透了！」

這一句聽在男人耳裏，彷彿是被判喪失男人的資格一般，會使男人感到痛徹肺腑。由此見，男人很重視所謂的「志氣」。這種「志氣」如果發揮於工作方面，或者發揚在有意義的地方，那是最好不過的一件事。可惜，它往往被用在無聊而可笑的方面。他們會時常爲了一些無聊可笑的事情，大嚷著：「這有損男人顏面！」或者是「叫男人的臉往哪裏擺嘛！」

有位老外來到了台北，曾在路邊攤看到兩位喝酒的男人吵了起來，最後鬧翻了，可是買單的時候，雙方卻堅持請客，又是一番爭執，最後兩人都把錢丟在桌上而分道揚鑣……看到這情形的老外，搖搖頭說：「這種心理令人不解。以我們的國家來說，只有精神醫院的病患，才有這種行爲。」

爲何男人會如此執拗呢？

那是因爲男性比女性更像「原則主義者」的緣故。正由於男人重視原理、原則以及信條，是故，非常拘泥於它們。說得更清楚些，他們一直想走自己的路線——不過，層次會造成本末倒置，拘泥於枝節末端的結果，忽略了本來的目的，只一味重視所謂的「路線」。或者，因爲太拘泥於「路線」的精神，才使得自己動彈不得，終於作繭自縛……

男性所以會演這種喜劇，乃是源於他們有一種「孩子氣」的氣質。同樣是男性，英國男人更像一個成年人，他們寧可捨名取利，表現功利主義的一面。中國也有一句含蓄的話：「君子豹變」。然而，繼承大男人主義的傳統的男人，卻是沒有臨機應變的彈性，以及柔軟性。

這種男性的特徵是：不認輸，動輒就發怒。

如果一個男人的雨傘被偷走了，女人罵他一句，「你眞是一個心不在焉的蠢蛋！」時，他絕對不會承自己愚蠢說——

「罵得好，不錯！我一向都是糊裏糊塗的……」

相反的，絕大多數的男子都會如此說——

「世上竟然有那麼差勁的傢伙！連一把舊雨傘也要偷。算了，反正那是一把破傘，我正想購買一隻新傘呢！」

總而言之，男人不認輸的心理很強烈就是了。

不過，男人也有脫掉鎧甲，暴露出自己弱點的時候……

男人為何喜歡逞威風

在英國倫敦的深夜，警察盤問著醉醺醺的男人。

「你叫什麼名字呀？」

「約翰・史密斯。」酒鬼。

「什麼？你叫約翰・史密斯？」警察根本不相信他的話。

「喂！老兄，別耍我！在我面前你是玩不出什麼花樣的，我看你還是老老實實說出眞的名字來吧！」

「好吧！」酒鬼回答：「那麼你就寫威廉・莎士比亞吧！」

「這才差不多！史密斯太普遍啦！憑你也想欺騙警察！現在的警察

懂的可比你想像的還多啊！」

男人長大之後對「社會性承認」的欲求很強，又殘留著幼兒性所使然。所謂的「社會性承認」欲求者，乃是一位名叫A・I・凱茲的心理學者所創造的名詞，意指——透過他人的尊重或者稱讚，以獲得滿足的欲求。一旦這種欲求，以力求上進的姿態被發揮的話，將帶來男性特有的衝勁，實在非常的叫人激賞……

然而，很遺憾的是，多數男人一直還不脫幼兒一般的自我顯示慾。是故，往往會以可笑的方式自吹自擂。例如：動不動就搬出畢業自哪所學校，喜歡坐在龐大無比的旋轉式椅子，甚至使用下巴指使人等等。

一般說來，越是偉大的人物越不會吹噓。因爲他的成就已經獲得社會大衆的認可，再不必以自我吹噓的方式顯示自己。而且，不管旁人如何的評價，他仍舊能氣定神閒、不爲所動。就以公司來說，上級的人員、負責管理的高層人員，幾乎都能夠虛心的對待人，熱心的爲人服務（當然難免也會有例外）。

但是，守衛就不然了。他們往往會如此的吆喝著——

「喂！你要到哪兒啊！先拿證件過來登記！否則出去！」

以政府機關或者公共服務業來說，傲慢的人，幾乎都是一些低層的人員。他們之所以顯得傲慢，不外是在誇示自己的存在，並且希望大衆能夠認可。在平常的日子裏，老是對上級抬不起頭、缺乏自信的主管，喜歡對自己的屬下作威作福。而受盡委曲的屬下們，一回到家裏，就把自己的老婆當作出氣筒——就是如此的循環不息。對於社會性承認的欲求不滿，必定會找出一個「洩洪口」，以便把心中的不滿傾洩出來。

正因爲如此，有時作威作福乃是劣等感的反應。縱然還不到這種地步，但與缺乏自信有所關連。眞正偉大的人物不僅不會欺負弱小，反而會保護他們。至少，所謂的作威作福，必定包含「虛張聲勢」的要素。例如，不曾上大學而感到自卑的資深老職員，特別喜歡找剛大學畢業的新職員的麻煩。就以國際關係來說，越是獨裁的國家，對外越會裝腔作勢；越是小國越會爲了顧全面子問題，而盛氣凌人。這些無非都是自我顯示慾的表現。

根據各人性格的不同，作威作福的方式，有各種否同的典型。

1．常常誇示自己的優點以及長處

這種男人具有歇斯底里性格，而且又多見於愛慕虛榮的男子。

「我在你這個年紀時，一天就把那種工作做完了。」

就像這般地誇耀他的才能。如果缺乏足以誇耀的才能，就會說：「我這條領帶，還是社長送的呢！」轉而誇示自己的所有物。

在酒吧的櫃台不斷耍弄汽車鑰匙，是名不經傳的小市民，最喜歡做的小動作。

2．挑剔型的人

這種內向性理論型的男子，最喜歡指摘對方的缺點。或是失敗、分裂性氣質的男子，亦有不少屬於這種類型。

「所以嘛……我不是再三的提醒過你了呀……你以為只要說一聲『對不起！』就可以把這件事打發過去嗎？」

說著，便用力的拍打桌子，擺出一副傲慢的德行。更有一些人簡直是從雞蛋裏挑骨頭，經常找碴似地說：「你寫的字就像鬼畫符！你看這個5看起卻好像是8，你要多注意一點哦！」——這種情形不勝枚舉。

3．作威作福的謙遜型

這種男人多見於內向性感情型的男子，他們是屬於自命清高的人。

「哪裏……我可沒有那份能耐（裝出很謙遜的樣子）……不過，託您之福……」然後一件一件說出自己得意的事。

「您那樣誇獎我，我實在感到慚愧……」

既然是感到慚愧，那又何必說出來呢？

不過，最可憐又最可笑的是，本身缺乏誇耀的本事，只好以聲音作威作福。以「威震四海」的聲調說話，笑起來中氣十足，惹人注意，即是一般所謂的豪傑型笑談——別名爲「政治家型」。

妳的周圍有以上類型的男人嗎？如果我的這篇文章，能幫助作威作福的人自我反省，平常受盡委曲的人感到暢快的話，那是我最感到安慰的事兒。

有一句話，不是說——**越是弱小的狗，越喜歡吠叫嗎？**

男人何以喜歡裝成什麼都懂的樣子

一群大學摔角隊的選手，到附屬醫院精神科接受羅夏哈測驗。

醫生展示了帶有墨水點的暈染圖形給學生看，結果每一張都讓學生聯想到性行爲。「今天的測驗結果將會在週末分析出來，大家星期一可不可以再來一次？」醫生問學生。

「嗯！沒問題。」其中有個學生回答：「不過，醫生，這個禮拜六晚上，我們有一個舞會，如果你能借我幾張剛剛看的那些猥褻圖片的話……」

男性有一種劣根性，那就是——只要明白了一件事情，就會裝出懂得十件事情的德行。更厲害者，分明什麼都不知道，卻裝成很在行的模樣。

「嗯……不錯。以台中來說，桂冠長榮是個不錯的飯店，至於台南嘛！市中心的麗緻大酒店也很ＯＫ，高雄要渡假的話，澄清湖旁的圓山最好！」

事實上，他根本就不曾住過那些飯店，但是說在他嘴裏，彷彿他是這三家飯店的常客似的。假如只是關於觀光方面的知識，那倒也罷了，想不到在一般學識方面，男人更喜歡班門弄斧。

幾天以前，我在咖啡廳喝咖啡時——

隔鄰的一張桌，坐著一對年輕男女。我看到他倆手裏拿著電影宣傳的小冊子，敢情是看罷電影回來？那個男子儼然以電影評論家自居。煞有介事的談著導演的手法、攝影機的角度、某一個場景不理想等等……娓娓的道來，彷彿在表示他具有淵博的學識似的。身旁的女伴，則一直在點頭微笑。

由此可見，他那位只聽不表示意見的女伴，精神成熟度一定遠超過他。

在這種場合裏，談論的內容，不外是「不言而喻」的陳腔濫調，不然就是他以爲了不起的見解，或者把幾天前在報章上看過的影評，照著依樣畫葫蘆一番，也就是「拾人牙慧」式的論調。

這類型男人，一旦在咖啡廳聽到世界名曲，他不止會說出「嗯……這首曲子好棒！」或者「我最喜歡古典音樂！」即使沒有人請教他，他也會自動的解釋：這是貝多芬年輕時寫給某一個姑娘的曲子。甚至還會批評交響樂隊如何如何，錄音時又如何如何等。對於這大言不慚的人，妳不妨問他：

「莫札特的七五三號交響曲，到底具有什麼特徵？」

「噢……那一首曲子……唔……那是他晚年的作品。」

「是嗎？它是描寫孩子節目的情景，以現在而言，就像是慶祝兒童節一般，對不？」

「妳說得對，那是一首很活潑的曲子。」

妳正在刻意的對他冷嘲熱諷，他仍然不知情的話，那就可以斷定他的腦筋，實在不會好到什麼地方去。

男人何以要裝成什麼都懂的樣子？無他，只不過是想誇示他的優越性而已。同時也要強調有所謂「自我」存在的緣故。

正因爲這一點，所謂的「批評」者，正中了他的下懷。因爲，他可以針對每一件事的結果，以第三者的立場，蓄意的發表「高論」。因此，妳可以採取七分讚揚，三分貶抑的方式應付。

「不過，我不太贊同，我記得應該是這樣的……」──經妳如此一說，他就會認爲妳比他有見解，自然就不敢輕視妳。

男人對於自己鍾愛的女人，莫不想盡辦法獲得她的好感。因此，隨時隨地都想表現出最好的一面。如果他在妳面前，很熱心的裝著無事不知的態度時，那就表示他對妳有好感。如果妳也喜歡他，可擺出興味十足的態度，傾聽他發表高論吧！

自視為「知識份子」中，約九成的男子，都喜歡在表白愛情的前階段，展示他豐富的知識；這也是大家都公認的男人戀愛心理。

男人為何喜歡吹牛

小陳和好友阿雷在酒吧相遇。

「怎麼了？阿雷！」小陳問道：「你的臉色好像很不好。」

「說實在的……」阿雷答道：「我覺得很害怕。有個人寫信告訴我說，若不與他的老婆分手，他要宰了我。」

「那有什麼好怕的，分手不就得了。」

「啊！事情有那麼簡單就好了。」阿雷嘆道。

「那問題出在哪？」

「問題是……」阿雷一臉無辜的表情：「那封信又沒署名是誰，所以我根本搞不清楚……要和哪個女人分手啊！」

雖然有輕重的差別，但是，男人都具備「吹牛」的要素。其中的佼佼者，莫過於「吹牛男爵」的冒險故事。

「我在海裏游泳。突然間，有一條巨大的魚兒把我吞下肚裏。乖乖……牠的胃袋又寬敞又黑暗。我就在牠的肚子裏跳踢踏舞。如此一來，魚兒驚駭異常。牠向我投降，於是才把我吐了出來。」

此人心平氣和的說出「牛皮之語」。聽了他這一句話，就是孩童也知道他是「蓋」的。不過，像這個男爵一般的人，仍然大有人在。

從美國回來的政治家，在機場被一群記者包圍時，擺出架子說──

「眞想不到，我這次的訪問會那麼成功。我在國會演講之後，每個議員都很感動地要求跟我握手。」

男人爲何那麼喜歡吹牛呢？難道男人笨得不知道別人會「戮破」他的牛皮嗎？

事實並非如此。男人都是由於「自我顯示慾」作祟，所以才喜歡吹牛。換句話說，在那一瞬間，想誇示自己的慾望，壓倒了「牛皮會被戳破」的判斷，使他陷入麻痺狀態。吹牛皮的男子，望著聽者感嘆的表情（事實上是發愣的表情），就會進入一種自我陶醉之境地。

對於我的分析——吹牛包含自我陶醉的說法，也許有一些人會感到莫名其妙。但是，一朝你明白吹牛時的心理狀態（具有爽快感，叫人感到激昂興奮。俗謂——叫人感到痛快的狀態）的話，你就會同意我的分析法。

除此之外，吹牛時，現實與幻想會混淆在一起，使當事人誤以爲是真的，以致使他所說的話，會增加幾分的逼真。只要洞察到這兩點，你就可以馬上恍然大悟了。

在這種場合，男人的吹牛內容有兩大類。一種像上述吹牛男爵一般，目的無非是要給聽到的人「意外感」。並且也喜歡看到聽者睜大眼睛，說上幾句「哇！」、「噢？」、「老天！」等的感嘆詞。

從另一個方面來說，這種男性也是富有服務精神的人。因爲在沒有任何人要求之下，他可以對著一席的人，滔滔不絕地談論個沒完。同時，他也具有旺盛的「獲得注意慾」。

總而言之，他只是千方百計的要周圍的人注意他罷了。

例如在酒吧時，他也可以在陌生人面前胡謅一陣子，那些人聽後對他說：「這些都是你胡謅出來的，對不對？」時，他不但不生氣，反而會對對方莞爾一笑。

逢到祝賀或者撫慰的場面，喜歡以望重賢達的身分，揀一些他人的牙慧，以二寸之爛之舌，說一些似曾聽過的大話之輩，也是屬於這一類的人。

在一般的情形下，「吹牛」可說是沒有惡意，也無傷大雅的謊言——不過，除此之外，還有一種有如上述的政治家似的，暗藏著自我宣傳之嫌的「吹牛」方式。這一件事，無非意圖「自我重新受到評價」，以便再抬高自己的地位而已。

「的確，他並不是泛泛之輩，可說是相當了不起的人物。」

這也就是他吹牛的眞正心意。確實是膚淺之舉，足以令人萌生可憐又可悲的念頭。不過叫此輩恰到好處的吹噓一下，也可以助長談話的興頭。當他逐漸得意忘形，感到前後語句不能連貫時，難免也會露出馬腳。反過來說，絕對要克制自己，以免受到他的蠱惑。

「那時我正埋首於畢業論文，有某位女性對我展開熱烈的愛情攻勢……不過，當時的我……」

諸如此類，藉用回憶式的告白型「吹牛」，很可能會使妳上鉤，所以女性得特別注意。

——此類「吹牛」狂想曲的喇叭，有時還是發出種種不同的音色。女人必須仔細的分辨。

男人何以喜歡賭博

葬禮在拉斯維加斯舉行。棺木中的男人是一個叫史派克的著名賭徒。參加悼祭的旅館經營者特地爲他唸弔辭——

「史派克並沒有死，他只是睡著了而已。或許哪一天，他會再站起來說：『哪，發牌啦！』……」

列席的賭友之中，有一個聲音傳了出來——

「我賭一百元，他已經死了！」

為什麼男人如此的喜歡打賭呢？

一般說來，賭博的魅力在於：緊張、扣人心弦，以及在一擲千金的痛快投機性。

男人所以會對賭博產生興趣，的確源自這兩項原因。大致而言，男性多數屬於樂天派。是故，比起女性來，更能夠相信偶然來臨的僥倖。例如，樂透中獎的機率比被雷打到的機率還低，但是他們總認為——不大可能會被雷打到，反而會認為自己很可能中到頭獎。而且，他們也很喜歡做發財夢。

但是，男人所以喜歡打賭，並非只止於這些理由而已。他們也存著一種——試試自己靈機一動的念頭。不管是什麼事情，男人都喜歡嘗試一下。再憑是否「事事如意」，藉以預測那一天的運氣。

更深入地說，想在單調、了無趣味的生活裏，帶來一些變化，因此才會熱衷於含有遊戲成分的賭博。對於死板無變化的生活，男性比女性更會感到受不了和厭倦。

「喂！最近有沒有使人感到好玩的地方呢？」

上班族時常把這一句話掛在嘴邊。

正因爲具有難以忍受的倦怠感，他們才那樣喜歡賭博。

相反的，對工作感到興趣，認眞的投入，又擁有成就的人，他是絕對不會熱衷於賭博的。即使偶爾爲之，也止於「淺嚐」的程度。

至於傾盡所有，陷入狂賭而無法自拔的人，那一定是性格異常者。這種人不會按部就班的來，不喜歡腳踏實地的努力，做什麼事都沒有耐心，只夢想一步登天。如果嫁了這種男人的話，那就會過著朝不保夕的生活。所以一定要避開這種男人。

「我會以感情感化他！」

妳千萬別打這種如意算盤！如果妳有了這種想法，妳也已經是一個賭徒了，妳的籌碼是——妳的一生。

如果他只是把賭當成生活潤滑劑，輸贏數字並不大，只是藉此樂一下的話，那妳就不妨和他約法三章而成全他吧！

有時，男人間的交際也不能缺乏那種調調兒啊。有一家公司的某課長曾對我說，每逢全國棒球比賽開打時，他的部下就會慫恿他說——

「課長，職棒這一季的比賽開始了！您也賭一賭吧！」

因爲，部下分成兩組對抗打賭，一組賭兄弟隊會打贏，另一組賭統一隊會勝利。因此，身爲課長的他，只好兩組都參加。

「如此一來，不管哪一隊打贏，我都沒有損失，這可是一種交際哦！」他笑著說。

男人可以出手大方

一個男子以房子爲抵押，再購買了新車。接著，再以新車爲抵押，購買了遊艇及拖車。接著，再以遊艇跟拖車爲抵押，到銀行要再借一萬美金。

「你要那麼多錢幹什麼？」銀行業者說：「現在你什麼有了，缺的只是汽油吧？」

「噢……你是說那一件事情嗎？」該男子說：「既然有了房子、車子、拖車以及遊艇，那就可以使用掛賬的方式買汽油了呀！」

「來！大家一起來……今晚我請客，大夥兒要痛痛快快……」一個人唱獨角戲，盡情的請同事吃喝。到了酒過三巡，突然感到不對勁，悄悄進入洗手間，翻開錢包瞧瞧……不久以後，悶聲不響的回家。

到了翌日早晨，家裏的黃臉婆大嚷了起來——

「我說你呀！到底安的什麼心？你瞧一瞧家計簿吧！」

被榨得一乾二淨、兩眼翻白的老公，又得挨老婆的疲勞轟炸！

像這種老公，世界上多得不勝枚舉。

但是，妳也不要太急躁，待酒氣全消時，就算妳不罵他，他也會感到大事不妙。因爲，這是一種男人不可救藥的劣根性。

對男人來說，最大的恥辱，莫過於被認爲「吝嗇」。

「不愧是老大哥，對我們那麼照顧！」

既然部下如此的抬舉你，你還好意思把錢包扣得緊緊嗎？

再者，如果對金錢太斤斤計較的話，那就不怎麼像男人了。你想想看，碰到付賬的場合，如果一個人說，「我要一瓶酒和一盤花生……」另外一個人則說，「嗯……我來個生魚片，還有一碗麵、兩樣小菜……」

然後，便各自掏出自己的錢，在桌面上放一大堆錢幣的話，那不就等於小學生遠足時在購物？一個成年的大男人看得過去嗎？所以，只好很大方的爲部下付賬了。

然而，請客時，產生的那種難以言宣的愉快心境——乃是某些吝嗇而愛計較的女人，所無法體會到的。那種「王者的心境」，只有擺闊的男人，才能領會其箇人眞味！

「你還好意思說呢！賺那麼一點點的錢，還想打腫臉充胖子！你到底是什麼心態？」妳就不要再這樣罵他吧！

最後，正因爲他賺的薪水不多，才會設法找出請客的藉口。因爲平常過著寒酸的生活，偶爾才會想到揮霍一下。這是一種壓抑的「補償行爲」，也是一想忘掉渺小自己的——所謂「自我擴大」的作用。

最好的證據是：眞正有錢的男人，絕對不會動輒就請客，反而意外的十分吝嗇。因爲他即使不用再虛張聲勢，別人也知道他很富有。薪水不多的老大哥，一旦慷慨的請客，事後免不了會叫苦一陣子——想起來，不僅可笑，同時也有那麼一點兒可悲。

不過，我要特別忠告年輕的女性。事實上，這種擁有庶民感情的男性比較富有人情味。至少他們擁有不會小器的美德。反觀近來，已有不少年輕人毫無忌諱的說——

「我們各付各的賬吧！」

年輕的女孩子們請多多注意，這種人不宜選爲老公。否則的話，一旦結婚以後，他就會到廚房干涉妳，對妳吼著——

「妳別那樣浪費水呀！這年頭賺錢可不容易啊！」

跟這種小氣的老公生活，將有妳受的了！

男人為何喜歡棒球

小陳第一次帶老婆去看棒球比賽。兄弟隊以一分之差保持領先，現在是九局下半，兩人出局、滿壘、兩好三壞滿球數的情況下——這是生死關鍵的一球。

對方的投手凝聚集身的力量投出一個像火箭般的快速球，可是打擊手也不是泛泛之輩，一棒揮了出去，鏗鏘一聲！白色的球就往中堅手後方飛了過去，中堅手一直倒著跑，然後跳了起來！之後，整個人就這樣往後倒……但是當他站起來的時候，他高高地舉起了牢牢握在手套中的球。

兩萬名觀眾，除了小陳的老婆之外，都站起來爲那個美妙的接殺而鼓掌喝彩。

小陳也一邊狂叫，一邊揮舞著手，和其他觀眾一樣瘋狂。

一會兒，當興奮的氣氛稍稍減弱下來時，小陳的老婆以奇怪而訝異的表情問道：「喂，你爲什麼要那麼激動地大聲叫喊呢？」

「啊！妳沒長眼睛嗎？剛才中堅手表演了一次超完美的守備，他可是接住了高飛球呀！」

「我看到啦！」老婆以有些「莫名其妙」的神色回答他：「可是，那個人領薪水，不就是爲了要做這件事的嗎？他只不過是做了一件『理所當然』的事罷了啊！」

有個剛畢業不久，進入公司服務的女孩，私下時常對人如此抱怨——自從進入社會以後，便對男人大感失望。辦公室的男同事們，從來不曾研討工作方面的事情。他們的話題只侷限於職棒方面……根本就沒有鬥志，更談不上有什麼智慧。想不到他們還是大學畢業的呢！眞是叫人難過！

憑良心說，這種說法有一點流於偏頗。

妳不妨想想看：在工作場所裏，男人能夠裝出一副「我是勤勞而充滿幹勁」以及「我不斷在充電」的嘴臉嗎？在複雜的人際關係裏，爲了圓滑的跟大家保持融洽的關係，充滿了孩子氣的作爲，以及「彼此彼此」打哈哈是行不通的。必須脫離幼稚，想辦法找出大家的共通點，又不會得罪任何人的話題才行。

以「共通性」及「無障礙性」來說，談談職業棒球隊的瑣事是最合適不過的了。只要談職棒，就不難使氣氛融洽，更進一步拉近彼此的距離，化解彼此之間的猜忌，使緊繃的精神輕鬆下來。至少，這一類的話題，絕對不至於傷害到任何人，或者使任何人感到不愉快。比起一部分女性，只要有空就東家長西家短的，不是好得太多了嗎？

在上下班的捷運車裏，時常可看到熱衷於閱讀體育新聞的上班族。或許有人會認爲：在那種時間裏爲何不看一流報紙的頭版，或者閱讀社論？瞧那些上班族的嘴臉——好像球場的輸贏，比起北韓核武判終止，以及希臘債務危機會影響歐元，以及全球經濟，更值得他們關心似的。

在巨大的社會機構中，現代人都化成一個齒輪，變成了機械化而缺乏個性的東西。

事實上，上班族一直品嚐著深刻的孤獨感及疏遠感。如果欲逃出這種境地的話，只好投身於群衆，以便培養親近感。就以觀看夜間的棒球比賽來說，可說最爲理想的一件事情。因爲周遭的觀衆都不認識你，這時你就可以完全投入陌生的環境裏面。另一方面，由於坐在一塊的彼此都是相同球隊的球迷，亦可培養出親近感。當你們喜歡的球隊擊出一支全壘打時，大家不約而同喊出的歡呼聲，將給你們帶來一種和諧感。

幾乎所有的現代人，都會碰到欲求不滿的牆壁，而且每一個人都會感到精疲力竭。在這種情勢下，球場的英雄也可以稱之爲「現代的勝利者」（站在某一種角度來說）。男人之所以喜歡各種體育競賽，無非是——爲日常的抑鬱找一個發洩出口罷了！是故，妳不宜貶低他、看輕他，應該更體恤他，而全心全意去愛他這個「小小的缺點」。

為何男性會熱衷於遊戲

「冰上曲棍球」被稱爲是幾種球類運動中最具暴力的運動。的確，當比賽正激烈時，常常會發生集體鬥毆的情形，與其說那是運動，倒不如說是刀光血影的大暴動，還來得貼切些。

某個職業球隊的選手被球桿打到後，頓時眼前一片黑暗，失去了知覺。在同伴的照料下，不久之後他才醒了過來，剛一醒過來，他就急著問比賽結果。

「安啦！我們領先，」同伴回答。

「太好了，那，我們這一隊叫什麼名字？」

對於一種只是「遊戲」的事兒，男人也會很快的熱衷起來。在他們學打麻將時，腦中充滿了麻將的影子。在餐廳到一個小碟子裝著上七、八粒豆子，他們也會想到七筒、八筒……

為何男人這樣熱衷於遊戲呢？

1．男人易熱也易冷的個性所使然

凡是對於新的事物，只要認為是珍奇的東西，男人都會全心投入。例如，剛考取駕駛執照時，他們往往會喜形於色地說：「喂！我要出去買一包香煙！」

即使只有幾步路，他也要握起方向盤，享受開車的「樂趣」。反正，還帶著玩樂成分的時期之內，他是會熱衷於此道不疲的。

2．是男性天生具有愛好「遊樂」的性格

在平常不怎麼喜歡運動的男人，一旦對保齡球產生興趣，他就會時常到

保齡球館走動，並且跟同道大談球經。甚至有些超過花甲的老伯們，也穿起了粉紅色的襯衫，活動著「生銹」的老骨頭，在骨碌骨碌……咔鏘！的大玩保齡球。

3．生活太過於單調乏味、缺少變化所致

不過，這些玩樂也包含著競爭的成分，到頭來總是有勝敗。或許，這才是吸引男人眞正的原因吧？因此，這點實在有研討和重視的必要。

最明顯的例子，乃是所謂的「棋友」，只要看看這種搭配，就不難知道男人如何的喜歡競爭，男人又如何的不肯認輸。雖然原本倆人是臭味相投的一對，實力也不相上下。可是，一旦面對棋盤時，誰都想打垮對方。

於是，重複的說著——

「等一等，等一等……」

「不行！這一次可不行。我再也不能等啦！」

「什麼？稍讓一步就不行？你未免太固執了吧……」

「剛才我不是已經暗示過你——那一步妥當嗎？誰叫你那麼蠢，又不講

理……」

就這樣，兩個成年人真的發生齟齬，嚴重一點的，可能演變成——

「什麼講理不講理的？你才不講理呢！上次借給你的錢，你怎麼到現在仍然不還呢？」

就如此這般，口不擇言的盡量挑對方的缺點……男人哪！為了如此的芝麻小事，就會翻起臉來。這是因為男人的感情構造比較單純，而且又比較幼稚的緣故。

那些把保齡球貶得一文不值的人士，事實上並沒有嘲笑他人的資格。因為他們之中也有不少人熱高爾夫球。不信的話，你不妨到高爾夫球練習場瞧瞧。原來，很認真在揮桿的紳士們，都有微微凸出的腹部。在他一旁的此道前輩，認真的教導球桿的握法，兩腳的位置。並且再三的叮嚀：必須放鬆肩膀的肌肉。然而，一旦真的揮起球桿不是咔嗒一聲打在地面上，就是只能使球「滾」到五、六碼的距離罷了。很難進入揮桿自如的地步。

正因為如此，有人感到火大——

「真邪門，我打的球為何『飛』不起來呢？」左思右想不解。

「好吧！再來一盤！」可是不管怎麼打，球只是滾了幾下，根本就飛不起來。於是，荷包裏的錢幾乎被搾乾了。偏偏那些不負責的朋友又說：「你的揮桿方式很不錯！很有希望哦！」

聽了這一句話，內心免不了怦然心動——好像也沒我想的那麼差！其實，他也知道自己的能耐有多大。但是，事實歸事實，他還是會情不自禁地拿起球桿來。

為何男人喜歡打歪主意

兩個女人一邊工作，一邊談天說——

「妳那個男朋友現在怎麼了？」

「妳說他呀！分手了！他根本就不像個紳士，太粗魯了。」

「爲什麼？」

「前一次搭他的車子，一到暗處，他立刻就伸手摸我的大腿。」

「還滿積極的，不好嗎？」

「不要開玩笑了，我家教可是很嚴的。他如果知道我是個好女孩，也應該知道對一個好女孩，應該先從胸部下手才對啊！」

男與女，到底哪一方比較擅於打歪主意呢？毫無疑問的，自然是男人佔上風。例如：同樣是欺騙的手段，女人的手法多少有點兒「可愛」，而男人的做法都很無情，以致令人咬牙切齒。

打歪主意的極致，莫過於經常見諸報端，類似盜用公款的瀆職案。以人民的稅金中飽私囊，很巧妙的加以掩飾，一旦東窗事發，紙再也包不住火時，主管官員都會說——

「我們一點也不知道啊……」如此的大放煙幕。

即使當局著手調查，也查不出實情。不但不知贓款如何被分配，甚至弄不清楚誰應該負責任，因爲案情太過於錯綜複雜之故。既然能夠締結蜘蛛網似的組織，這種男人的歪主意道行，不可謂不高。縱然不到這個地步，但是男人也能夠輕而易舉的打一些歪主意，撈取諸如免費車票、增加出差費用等的大小便宜。

一個丈夫對妻子說：「我要出去和幾個朋友打麻將，可能很晚才回來……」就如此一去，整夜不曾回來。到了第二天仍然看不到老公的影子。妻子擔心老公不知道在哪兒過夜，於是，打三通電話給老公的三位朋友——

「昨晚，我先生有在你那兒嗎？」

但她得到這三人的答覆，竟然都是同一句話——

「你丈夫在我家過夜，請放心！」

碰到這種情形，女性會感到非常的難過。好像一開始三個人就商量好似的，拚命地替她丈夫掩飾。男人什麼會這樣呢？如果是天生道德意識就十分低落，那倒也罷了。偏偏不是如此，而是有著更爲深刻的因素。

觀諸歷史就不難知道，長久以來，人類一直在洶湧的社會波濤中討生活。在一連串的激烈競爭之後，非常遺憾的是：有不少人只有動歪腦筋這方面，不斷地發達。

不過，男人具有一種微妙的心理，那就是動歪腦筋時，能夠體到一種類似快感的東西。也就是說，他們具有一種幸災樂禍的心理，這一點值得特別注意。有一部分男人，逢到別人把他們當成善人看待時，他們往往會感覺到啼笑皆非。

「您眞是一位大好人哪！」

這一句話聽在某些男人的耳朵裡，立刻會叫他們感到渾身不自在。這是因爲他們認爲好人，也就等於笨蛋之故。因此，他們認爲與其裝成「僞善家」的德行，不如扮演「僞惡家」比較划得來。

一旦這種想法習慣化，動歪腦筋時，男人就會感到沾沾自喜。

「到游泳池逗弄陌生的女人，乃是人生一大樂事也！」

就有這種邊說、還邊露出一副邪惡笑臉的男人。

「我說你呀！最好別在光天化日下，學色情狂的行徑……」

「喂！你想到哪兒去啦？我只是以紳士的態度提醒她們一下罷了。」

有一個惡友如此的對我透露。每當看到那些對泳技有自信的女人，一旦站到跳水板上面，擺弄著優美的姿勢，快要往下跳的那一瞬間，他就會驚慌失措的大叫——

「不好啦！妳的泳衣下面裂開啦！」

經他如此一喊，女人爲了遮蔽身上最重要的部位，再也顧不得優美的姿勢，便慌慌張張地「跌」落到水裏去……

男人何以容易感到害臊

有一個很愛面子的男子到醫生那兒，說他有一位朋友罹患了性病，不知治療起來是否很困難？醫生答以——絕對不困難。

「另外，我的朋友擔心治療費會不會很貴？」

醫生很有耐心地對男子說，關於治療費方面，可以根據病人的支付能力而做療程，叫他不必擔心。醫生也再三的強調，治療期間只要短短的幾個月，也不致於讓第三者知道。

當男子要離開時，又回過頭對醫生說：「那，治療起來是否會很痛呢？我朋友最擔心這個問題……」

「關於這一點嘛！」醫生火了，有點不耐煩地說：「把褲帶解開叫你的『朋友』出來吧！我現在就可以直接試一試！」

男人嘛……本來就很容易感到害臊。不相信的話，你不妨看看一對情侶，當衆人的眼光盯他倆身上時，感到忸怩不安者十之八、九爲男人。至於女人……因爲她認爲大家都被她的一身打扮所吸引，以致反而顯露出得意非凡的樣子。

男人何以會如此呢？那並非表示他們的臉皮比女人薄，問題絕對不是在這裡。原因在於，女性永遠以自己為中心，很容易進入自我的感情世界，有時甚至會自我陶醉起來。然而，男性卻很難做到這種地步。換言之，男人往往以局外人的模樣，瞧著進入自我感情世界的自己。

例如，傍晚抱著歲小孩的年輕妻子在大樓的中庭花園玩，這時看到了剛下班的老公從大門走了進來……

「寶寶你看！爸爸就在那兒！叫爸爸！」

多半的妻子都會如此。不過，爲人爹者，卻是一副惶惶然的德性，好像很在意同一棟樓周圍的人，而顯得很不好意思。

東方男人不擅於表現感情，那是因爲傳統告誡他們，露骨的表現喜怒哀樂等的感情，乃是娘娘腔之流才做的事。男人不屑於這方面的表現。正因爲如此，他們才變成了所謂的「表現痴呆症」。

對於女人來說，這種類型的男子，一定讓她們感到美中不足。例如，跟他約會時，也不懂如何去護衛女人……大體上說來，東方男不擅於對待女人。他們不像義大利男子富於明快的社交性，更缺乏法國男子一般，能夠很機敏的捕捉女性之興趣以及她們所關心的事情。

「對於那種輕佻的動作，我感到肉麻透了，我不喜歡！」

他們口口聲聲如此的說。因此，喜歡毫不矯飾地把他的愛，甚至當年對妳的求婚，都是以非常直率的「笨」語氣表達出來，談不上什麼浪漫的氣氛……結婚以後更是如此。

「老公，你瞧天空裏一輪皎潔的月亮！這使我想起了跟你約會的情形。你還記得嗎？在一個花好月圓的夜晚，你問我『我可以親妳嗎？』我永遠記得那個醉人的夜晚……」

男性頓時感到羞澀，以致突然冒出一句——

「妳又來了，眞是差勁！」之類不雅的句子。

對於這一類「感情白痴」的老公，妳必須很耐心的從Do、Re、Me、

Fa、So……開始，教導他一些「優雅的表現」。只要妳耐心的做下去，他就會跟妳一唱一和，變成又風趣又文雅的老公。

男人為什麼不喜歡照鏡子

汽車修理技工早上醒來去洗手間，突然發現鏡子中的自己眼眶周圍有點瘀青，就跑去問已是寡婦的老闆娘——

「老闆娘，我的臉不知道怎麼會這樣？」

老闆娘答道：「昨天晚上你喝得醉茫茫地，走進了我的房間，首先抓著我的手，一邊摸著一邊還說：『多細嫩的小手。』然後再往前伸，又說：『嗯，車頭燈也很結實碩大。』接著再繼續往下伸，說道：『咦，是誰把車庫的門開著沒關，是不是雨水潑進來了？』——再來你的臉變成這樣了……」

有位哲學家說：「女性最眞誠的表情，是她對鏡子抹口紅的時候。」因爲女性的心靈深處，差不多都存著一種變成美麗的願望。那是一種近乎本能的願望，也就是精神分析學所說的「對自己的愛」。女人對自己的缺點很寬容，而且，很會強調自己的優點。例如——

「我的嘴唇雖然不怎麼樣，但是一雙眼睛卻充滿了魅力。」

但是男性就不同了，男人對「自我的美化願望」，遠比女性淡薄多了。他們不可能愛上自己的面孔。如果是身爲男性，又時常去面對鏡子，顧影自憐的說：「我實在很漂亮！尤其是挺直的鼻子，大大的眼睛，深沉的眼神，令人充滿魅力。」

那麼，十之八、九，他不只是自戀了，也具有人妖的特質。一般男性的話，非但不可能如此自我陶醉，甚至會嫌惡自己。

「每次照鏡子後，我都會產生一種苦悶、嫌惡的念頭。我的容貌一點也不驚人，看起來很粗俗，沒有高雅的氣質。灰色小眼睛，不僅沾不到俐落的邊兒，看起來甚至有些渾渾沌沌。尤其是面對鏡子時，更是令人不忍卒睹……」（托爾斯泰在他自傳式的作品〈青年時代〉）

男人的這種自我嫌惡感，即使在長大以後，仍然會留下明顯的痕跡。

女人或許很少注意，男人到理髮店剪髮時，約有四成閉起眼睛，三成則在打盹兒。使男人想打盹的原因，固然有一小部分的原因，也許是眞的有點累，想利用這會兒休息一下。然而除了這一點，還有心理方面的原因，那就是——在無意識之中，他們都不願望跟那一面大鏡子，對看將近一小時，以致乾脆打起盹兒來避開這件事。

不過，如果男人必需外出，尤其是將赴異性的約會時，又不得不照一下鏡子。既然不得不跟自己的面孔相對，仍免不了會感到一些害臊。

想不到時過境遷，現在竟然流行「帥哥」。以致，出現了一些特愛照鏡子的「大男生」。只要妳進入百貨公司或者餐館的洗手間，就可以看到一些大男生在照鏡子，再用手撫摸一下自己前額的頭髮。老實說，那種模樣兒，根本就不像男人的舉止，倒是叫人感嘆「女性化時代」已經來臨了！

或者是這種傾向所使然吧！一項以三千四百名單身男女爲對象，調查吹風機普及率的結果，得知女子約23％擁有吹風機，而男子的吹風機普及竟然高達49％。如果把它認爲單純整髮所必要的話，那就不成爲問題，不過，站在精神分析的立場來看的話，就叫人有所擔憂了。

——原來，頭髮爲女性的象徵。正因爲如此，男人才會感覺到女人的頭髮富於魅力，一旦跟女人談起戀愛，就情不自禁的想摸一下她的頭髮。更甚者，還有所謂的「戀物狂」，對女人的長頭髮特別感到興趣。

如果情況反轉，男性對自己的頭髮過度關心的話，那就表示他有「自戀」的徵候，心理方面已經產生了「倒錯的現象」。在此規勸現代的年輕人，那就是——與其過度注意自己頂上的頭髮，不如充實一下頭髮下面的頭腦瓜兒。

男人何以喜歡如廁時看報紙

「大夫，俺好害怕，因爲俺第一次開刀……」臉孔鐵青躲在廁所的病患，對醫生說。

「第一次又怎樣呢？」醫生吹著口哨站在門口對他說：「我也是第一次執刀呀！可是我一點也不緊張，你快出來吧！」

「不過，你眞的知道如何開刀嗎？」病患又問。

「那當然。」醫生輕快地回答他：「我只要按照這一張X光片進行就可以啦！」

「可是，大夫……」病患說：「剛剛我明明看到你手上所拿的，是一張市區的地圖呀！」

如廁時看報紙的行為——這一樁事大致不會發生在女人身上，而只限於男性才會如此做。為何臭男人們喜歡這種調調兒呢？

那種心理恐怕不是「淑女」們所能理解的……為了分析這一點，我要在事先指出一個事實。那就是：當人類向體外排泄或者放出東西時，不管其內容物是什麼？反正，都會感到很暢快。

關於排泄方面，女性只把它當成例行的事務處理，男性因為是屬於浪漫主義者，往往會使它帶上「美」以及「詩」的氣氛。有些男人甚至會鑑賞自己拉出來的「傑作」，而喜氣洋洋的說：「老子今天終於徹底解放了！」

這些男人屬於生活藝術派。妳所以會認為「骯髒鬼」，乃是妳的智慧跟教養在「作怪」的緣故，妳不妨使自己更接近「自然兒女」的心境吧！

至少比起動不動就賣弄學問，渾身洋溢著俗氣的小子，這種富有野性的男子，可能不至於臭得叫人難以接受吧？

有些男性嗜好糞尿講義，甚至把它當作酒席間的談話資料。這個世界就有很多稀奇古怪的人，而男性所共通者，那是認爲糞尿沒有女人想像中的骯髒。正因爲如此，把報紙雜誌帶進廁所的行動，對他們來說，純屬於私人的趣味。

——天下之大，唯我獨尊。誰都不能妨礙我，我偏要在面壁時，親近那些報章雜上的活字，誰都奈何我不得。

有些男子爲了改善這個獨我的空間，發揮了異常的熱心。他會在坐式馬桶旁加個小架子，擺上煙灰缸、筆和便條紙。一旦病入膏肓，他甚至會擺一部電話。或者改爲沖洗式馬桶，只要一按鈕，溫水就會噴出來，洗淨門戶，事後又會吹起暖風。不必使用衛生紙就可以清潔溜溜。反正，那是別人不能過問的「精神環境」，愛怎麼佈置就怎麼佈置吧！

據說，爪哇人所營造的廁所很合乎「衛生」的條件。他們的廁所下面，正對準著豬舍。一旦有人投下炸彈，豬玀豬仔們就會一窩風地衝過來處理得一乾二淨。

自古以來，對於排泄之事，東方人向來採取悠然而大方的態度。關於這一點西洋人就顯得小氣而忸怩了。只要到他們家裏拜訪，你就會發現他們把浴室和排泄的地方，兩者合而爲一。幾十年以來，新建築的飯店及住家，室內的佈局構造，都向西洋式的建築看齊。這實在是很愚笨的一件事。因爲，這種佈局、構造，不能迎合東方人的感覺。

總而言之，男子把洗手間當作起居室的傾向，實在是太過火了一些。原來男子別有用心，因爲，遇到了老婆嘮叨個沒完沒了時，他們就可以把洗手間當成臨時「避難所」。

「你呀！最近孩子野得不得了！根本把我的話成耳邊風。你別一天到晚只會看報紙啦！你也說一說他呀！」

「咦？你不是說信用卡的分期付款到上個就結束了嗎？這個月的帳單怎麼還有兩期未繳清呢？」

爲了逃避這一類的疲勞轟炸，以致洗手間很自然的變成他們的避難所。

小孩子大約在四歲左右時，喜歡在廁所一帶遊玩，並且對大小便特別感到興趣。

精神分析學家稱此爲「肛門期」。或許，男子在心理方面，一直停滯在精神年齡的四歲吧？以致形成了所謂的「肛門性格」也說不定。因爲，他們畢竟是「黃金之國」的後裔呀！這也正是昔日的馬可波羅所憧憬的。

男人何以喜歡說黃色笑話

在幼稚園當老師的小琳決定要結婚了，不過在蜜月旅行期間一定要有一位代課老師才行。在辛苦的尋找之後，她很幸運的找到一位不論資格及個性都屬上乘的年輕女孩來代課。小琳終於安心地去蜜月旅行。

他們旅行回來後，爲了感謝那位代課老師的幫忙，就在家裡開了宴會。出席的賓客在聽了新郎介紹主客的歡迎詞，都覺得有些愕然！

因爲他是這樣說的——

「這位美麗的小姐在我蜜月期間，一直代替我妻子的任務，令本人在蜜月期間過得非常痛快！非常感謝！」

男人爲什麼喜歡說黃色笑話呢？如果一口咬定，那是因爲男人生來就是下流胚子——那就沒有話可說了。不過，我還是分析一下，他們喜歡這種調調兒的心理。

第一、有些男人是爲了打發時間，才會口不擇言地亂講一通。如果男人跟無所不談的好同事，在沒有任何目的之下，眉開眼笑的說些黃話，那就表示——他把現實的忙碌工作跟「性」清楚的分開。「性」是「性」，「工作」是「工作」，兩者絕對不混淆在一起。

換句話說，由於工作太單調，毫無趣味而枯燥，不然就是太辛苦、太緊張。逢到這種場合，這種猥褻之語，也就是世俗所謂的「黃話」，就會變成他們的安慰劑，並且使他們喘一口氣。

第二、有時爲了增進聚會間融合的氣氛，往往會把黃色笑話搬出來。不喝酒時一本正經的男子，一旦三杯黃湯下肚往往會口出黃話。男人們都公認，在酒席間談論正經事，乃是最叫人倒胃口的事。那麼，想要博得喝采，又讓大夥兒感到興趣盎然的話，應該以什麼爲話題呢？東挑西選之後，還是會回到這種讓女人所不齒的性話題上面。

沒有一個男子聽到黃色笑話會表現憤怒。當觥籌交錯時，談論一些有關男女間的事兒，說來也奇怪，往往會帶來輕鬆而和諧的氣氛。以致他們就自然的把它當成社交性的話題。

不過，這種笑話大致上有幾種——

1．經驗豐富者所道出的「葷話」

它有兩種的作用，第一種作用是：此道的老手誇示他高超的泡妞手段；第二種作用是藉此追憶昔日的光榮。本來，這種事情應該深埋在內心裏面，不對任何人道出。男人卻是毫不隱諱地把它道出來——對於這種心理，女性實在很難以理解。可是，以男人的世界來說，包括了「性」在內，不管是任何事情，只要是具有豐富的經驗，就可以獲得同性的肯定。

2．經驗少者所道出的「葷話」

這一類說葷話的動機，不外是不想被看成經驗少的「菜鳥」，沒有融通性的怪物罷了。也就是說，甚於奇妙的虛榮心而胡謅一番。本來嘛！默默一語不發的聽，才是上策，偏偏他也要湊熱鬧。以致非旦以誇張的方式，道出自己的經驗，也時甚至搬出自己「編造」的故事。

一般說來，世故中年男子所說的「黃色笑話」，非常逼眞，又具有吸引力，一向最叫女人難以忍受而萌生厭惡。反過來說，臉上作然長著面皰的年輕人，說起葷話來，熱勁有餘而幽默不足。

3．辦公室「乖乖族」所說的葷話

這種男人不外是「性」的慾望，被堵住而產生的反作用。也就是說，等於一種「性的發散」。如果妳的周圍有這種男同事的話，妳別立刻把他們斷定爲最下等的男人。如果那些葷話略帶詼諧，而又富有幽默感的話，妳就放他們一馬吧！

潔癖雖然是一種美德，但是，當妳已進入成年階段時，不妨學一些寬容的精神吧！逢到男同事在說黃色笑話的場合，妳就別歇斯底里的喊叫：「你們別太下流啦！難道你們不知廉恥嗎？」

因爲妳如此一叫，他們一定會在背後譏笑妳說——「太假正經了，說不定她比別人更喜歡呢！」但是話說回來，妳更不能表現自己的隨和，加入他們的陣容而口出「三字經」。如此一來，不僅會損及妳淑女的形象，同時，他們也會對妳的人格表示懷疑。

有些男人很惡劣，他們知道有年輕女子在場時，故意會說出一些不堪入耳的話。他們如此做的目的，無非是想看看女人的反應而已。逢到這種場合，最先開口講髒話的男人，不外是希望女人多多注意他。因爲他缺乏自信，不能以正當的方法接近女人，只好採取此種的手段。是故，妳如果對它表示有反應的話，那正好中了他的圈套。即使是對他大發嬌嗔，或者表現出羞答答的樣子，都是對妳有損而無益的。

碰到這種情形，應該如何才好呢？最聰明的辦法是：裝成不在意的樣子。這件事說起來很容易，做起來可就相當的困難了。對於年輕氣盛的女人來說，要裝成若無其事的樣子，實在不容易辦到。是故，最消極的策略莫過於——先抬舉對方一下，再對他吐露妳的不滿。妳不妨如此的對他說——

「××先生，本來我以爲您的工作能力超人一等，想不到一旦說起黃色笑話來，讓人對您的印象，眞是又要重新刮目相看了呀！」

就不妨如此的對他表示，效果一定會不錯。聽了妳這一句話，對方會立刻緊閉髒嘴，再也不敢吭氣。因此，女上班族只要讓男人明白他的手法，只能帶來相反的效果，以後就安啦！

男人何以喜歡觸摸女人

天氣晴朗的星期天，小鎭街上都是人。年輕的情侶約翰和莎莉四處尋找，都找不到可以從容相互擁抱的場所。

好不容易約翰想到了一個方法。他們到火車站去，假裝成一副來送行的樣子，在列車之前不斷地長吻。在每隔一個小時左右，就重複這個伎倆，到了中午，一個車掌來到身旁小聲地對他們說——

「到公車站去比較好。那裡每五分鐘就會發一班車……」

對於這個問題，如果男人回答以「因爲女人喜歡被撫摸」的話，相信所有的女人都會指著他叫罵。然而，何以有不少女人喜歡穿隱約能看到乳溝的衣裳，以及緊綳的衣裙呢？這到底有什麼用意呢？

「別儘往自己臉上貼金。人家才不要男人的撫摸呢……人家喜歡穿那種衣裙，只是要自己看起來更漂亮而已。男人會因此就受到刺激嗎？那是他們太下流了！」

或許說得有幾分道理吧！不過，自己喜歡穿著「此地大有看頭！」與「此地歡迎光臨……」的煽情衣物，又聲聲辱罵男人「下流」的小姐們，實在是太不懂得男性的生理以及心理了。

原來，男人天生具有一種「異性接觸慾」。其理由是——有關性方面的行爲，必須由雄性發揮出積極的態度，方能夠達成。不僅是動物如此，人類也有這種習性。

在擁擠的車廂裏面、客滿的電梯裏面，也就是說在不得已的情勢之下，自己的手會被壓到女人身上，想抽又抽不回來時——相信沒有男人會在內心裏想著——「我怎麼會這麼倒楣」吧！

如果有男人認爲「我就是死，也不會去摸女人。」那麼，他不是極少見的聖人，就是僞善者，不然就是非常無力感的人。

不過在車廂擁擠的名義之下，你會扮演色情狂的角色，或者是儘量挪開身體，抽出你的手？那就要看你的理性是否發生了作用。逢到這種場合，如果「自動控制裝置」壞掉的話，那他就是屬於色情狂之流了。如果是個慣犯，那麼，他一定是個平常不敢接近女性的膽小鬼，或對女性抱持劣等感的人。一般的男性，在享受了瞬間的接觸感以後，就會很快的縮手。如果是純情派的男子，他一定會在心臟怦然跳動之下，慌張的放開手。

就算是很老實的男子，逢到約會時，免不了也會觸摸一下女方的手或肩膀。他所以如此做，無非是想在形式上，表現出他們的親密感罷了。

男子一朝與女人有了愛慕關係，就會想盡方法，取得一體感和所有感。這時，所謂的「觸摸」，將成爲其感動的第一步。當然啦，第一步一旦獲准，不久之後，他將陸續的要求第二步，以及第三步……

不過話說回來，第一步時的刺激，遠非其他次的刺激所能比擬者。總而言之，第一步時的刺激，在質地上就有很大的不同，往往會令人感到神魂蕩漾。正因爲如此，戀愛論權威斯湯達爾（編按・法國小說家、評論家也是近

代心理小說始祖，一七八三～一八四二）曾如此說──

「戀愛所帶來的最大幸福，在於第一次握到鍾愛的女人之手。」

男人對女方的愛越深，越是會愼重的對待她，以及處處表現小心翼翼的樣子。是故，在踏出歷史的第一步以前，他會展開種種的試探──

「××小姐，妳靠右側一點走，否則的話很危險！」

如此說著，趁機觸一下她的手。或者──

「咦？我的錶好像不準……妳的錶幾點鐘啦？」

說著，抓一下妳的手……

總而言之，他就在這個瞬間集中全部的神經，打探著她的反應，以及可能發生的舉止。看著她的反應，他可能一喜一憂，或者立刻顯出精神煥發的樣子，不然就是變成垂首喪氣。

所謂的「觸摸之動作」，就包含有如此微妙的心情。在往昔的某個時代裏，相傳偉大的僧人在觸摸病人以後，纏身的惡疾就會消失。可見，所謂的觸摸，可能帶來某種力量。總而言之，它具有神祕的意義。

正因爲如此，在戀愛的場合，男人喜歡透過這種行爲，打探女方對他的反應及是否是郎有情妹有意。是故，小姐們，別一根竹竿打翻一條船的罵他——「別把肉麻當有趣啦！」

男人何以喜歡看女人的裸體

一個年輕的男子跟偶然認識的女孩度過一夜情。第二天，他在自己最敏感的部位發現了不少的紅斑，以致惶恐萬分。

懷著忐忑不安的心情到醫院，請醫生仔細的診察「那話兒」。醫生使用一塊浸泡過酒精的脫脂棉把「那話兒」洗淨後，對年輕男子說：

「別緊張，沒事的，下次跟那女孩子在一起時，不妨請她先擦掉口紅……」

著名的金賽博士，曾經利用三十三種不同的刺激，測驗男女的性反應。得知：纏綿悱惻的電影、刻意描寫愛慾的小說，以及情侶彼此輕咬的照片三種，最能夠吸引女性強烈的反應（反應的程度超過男人），至於其他的三十種刺激，男性的反應超過了女性。

三對三十——由此看來，男性的好色乎超過了女性的十倍。然而，眞的如此嗎？尤其是對於異性的裸體方面，男女兩性的差距最大。

的確，男人很容易受到裸照、脫衣舞的挑逗，而感到性方面的亢奮。然而，這並非表示男性比女性好色。正確地說，女性對觸覺比較敏感，而男性則多了一項，那就是對視覺也非常敏感。換言之，女性比較「即事性」，男性則比較「觀念性」。至少關於色情方面，男性比女性更富於想像力。一旦看到穿薄衣裳的女人，男人很快的就會想像——她衣裳裏面的裸體。

關於情慾方面的強弱，乃是由一個人固有的色情性，以及接近對象難易的函數關係所決定。更明白一點的說，女人越是遮掩身體，男人越是想看。是故，比起一面哼著歌兒、一面脫衣裳的女人來，欲脫還遮的女人，更能夠引起男人的性器官興奮。年輕的女人切勿忽略這一點，爲了牢牢的抓住男人的心，保持若干的神祕性是必要的。

最好的證據是——利用裸女照片測驗男人時，一般男性都比較喜歡歐美的裸女。理由之一，可能是歐美女性的身體曲線比較吸引人。但是最大的原因在於：同樣是本國女人的話，現實感未免太濃烈，極少有神祕感可言。同時，男人最喜歡若隱若現的裸體，對亮光下的裸體反而感到興趣不大。

男人最感到興奮的是——隱藏著最後一線的構圖。因爲此種裸照能夠刺激男人聯想到下一步。也就是說，男人會用他的想像除去她身上的遮蔽物，憑此感到刺激的高潮。

各位小姐們，萬一妳們看到男人在他們的書房或臥室，貼著裸女照片，不宜立刻就地評定他們品性低劣。有時，他們的鑑賞態度意外的很「健康」呢！不過話說回來，如果故意待在樓梯下方，等著窺視迷你裙裏面的風光，那就叫人不敢苟同了！此類色情狂最好把自己的頭腦「冷凍」一下，縱使被女人罵得狗血淋頭，也不值得同情。

「男人哪！那一雙喜歡偷窺的賊眼，眞叫人噁心！」

——多數的女人都這麼說。

事實上，並非只有男人具有這種劣根性。難道你敢斷言女性沒有這種心理嗎？妳聽過這樣的笑話嗎——

有個老小姐搬到一棟出租公寓居住。不過才住了三、四天，她就氣呼呼的把管理員找來。

「我不要這個房間，因爲從這裡能看到那個男人的浴室，眞叫人噁心。給我另外一個房間吧！」

管理員感到奇怪！於是，他就進入老小姐的房間瞧瞧。

「沒有呀！哪裏看得見？」

老小姐憤然的答道：「你呀！甭跟老娘抬槓好不好？你站在桌子上面瞧瞧吧！不是看得一清二楚嗎？」

男人何以喜歡盯著女人看

在俱樂部大家聊天的話題，最後轉到做愛的技巧上去。剛新婚的阿德說道：「當兩人達到最高潮之前，還是在妻子耳邊說些甜言蜜語，效果會比較好。」

有一位情場的箇中老手，笑著說道：「那當然，不過，旁邊一定要有電話才行啊！」

不管是在鬧區或者公園都好。如果有兩對男女擦身而過的話，將發生奇妙的現象。這兩對情侶將彼此的對看一眼。逢到這種場合，女人一定會盯著對方的同性看。而男人將毫無例外地緊盯著對方的異性看。亦即最初的視線，乃是女性對同性瞄一眼，男性則瞧著對方的異性。爲何有這種差別呢？

很多女人面對這個問題時，一定會答以——「那就是男性容易見異思遷的證據。」如果這是正統看法的話，那一句「秋風女人心」就應該改爲「秋風男人心」了。

到底是男人或者女人，比較容易「見異思遷」呢？如果說，所謂的「見異思遷」者，乃是指繼續的，對不特定多數女人動感情的話。那麼，男人確實具有比較強烈的傾向，此乃不爭的事實。例如——跟女人約會以後送她回家，到了她家的圍牆外邊，來一個臨別的擁抱後……歸途，看到車廂對面座位的女人，猛盯著她的腿部線條表現出激賞的表情等等……

男人天生就是具有這一種可憐又可恨的氣質。就好像一隻蝴蝶兒一朵花又飛到另外一朵花似的，雖然內心裏愛著某一朵花，但是，他也不願意放棄其他的花朵……就如此這般，男人雖然有了一個女人，他還是喜歡盯著其他女人看。

男人的這種惡癖，一向爲女人所不齒。愛爾蘭的詩人兼作家王爾德在〈理想的丈夫〉裏面，就叫一個女人，如此的說出他的感慨——

「男人哪！一度愛上了一個女人，他可以爲她做任何的事情。不過只有一件事情是例外，那就是——他不能永久的愛她一個人。」

於是，醋勁大的女人，進入酒館以後，一旦察覺到她的男人盯著其他女人時，她就會雞貓子般叫了起來。

「死相！你目不轉眼的看什麼啊……一副色瞇瞇的德行！」

「男人哪！一刻也不能放著他不管，看得老娘好累。唉……他們眞是叫人頭痛的動物……」

絕大多數的女人都有這種想法。對於這一點，我也沒有辯駁的餘地——不過，關於女人的誤解，我還是有解釋一下的必要。那就是——無論對於什麼事情，男人的「分心」總是比女人多多。

由此不難想像，另外一對情侶從前方來的場合，男人所以會看對方女性一下，一半乃是第二天性所使然。他絕對不是在欣賞她的美，或者在內心評估，她可以獲得七十分。更沒有拿妳跟她比較的意思。

更明白一點的說，女性所以會向同性一瞥，只不過是一種無意識的對抗心理在發生作用，例如——哼……她身上的衣裳跟她的人一點也不搭配。或者——她的審美觀念滿不錯嘛！眞叫人嫉妒等等。至於男人對異性一瞥，可說是沒有他意的「多視性」使然。

妳就不妨認爲他跟熟練的司機一般，把車子開到平交道時，總要朝左右瞧瞧。只要採取這種的想法，妳就會感覺到心安理得了。

男人何以能夠同時愛兩個女人

擔任某位舞台表演的俏女星經紀人的男子，很早就聽說該女星在「兼差」，每次的代價是一百美元。經紀人實在很想一親芳澤，但是他不敢指望他的美夢會成眞。不過，他還是對俏女星暗示了他的愛慕之情，以及迫切想跟她燕好的願望。

多次暗示之後，俏女星終於同意跟他燕好，不過代價仍舊是一百美元，沒有特別優待。

經紀人搔搔頭，然後對她說：「那麼，打九折如何？」

「不行！」俏女星斷然地說：「如果希望跟我共度一宵的話，那就付給我一百美元，一個子兒也不能少。還有你不能開燈！」

經紀人雖然心有不甘，仍然照數付給她。

那一夜，俏女星在表演之後，接近午夜時來到他的公寓。慾火攻心的經紀人果然遵守約定，在不開燈之下，就急切的「搞」了一次。到凌晨一點左右，四周黑漆漆地，俏女星剛醒過來，又被「襲擊」了一次。接著她才闔上眼不久，又來了一場「攻擊」。就如此這般，到天快亮時，她已經被「搞」了十次。到了這時，她才了解自己的經紀人實在是個「不簡單」的人物。

「乖乖……你硬是要得……」她附在男子的耳邊說：「我從來就不知道自己的經紀人如此『要得』！」

「我不是你的經紀人呀！小姐。」

一個陌生男人的聲音回答她說——

「妳的經紀人搞完第一次，就一直在外面收票了啊！」

最頻繁出現於報紙或雜誌上的身邊問題，莫過於對男人「同時愛兩個女性」的非難，以及慨歎——男人何以能夠同時愛上兩個女人，老想享盡齊人之福呢？

辱罵男人爲動物，沒有良心，那是很簡單的一件事。不過，不宜對此一味的憤慨。只要妳肯冷靜的追究其理由及原因，妳就不難發現——這件事源於「男人的本能」。也就是說，男人可以把精神及肉體分開來使用。

一個男子擁有溫柔善解人意的女朋友。然而，他竟然也跟酒店女孩出入於愛情旅館。當他被情人逮個正著時，他如此的爲自己辯解——

「我發誓一直到新婚旅行爲止，絕對不碰妳的一根汗毛。妳當能夠想像得到，這是一件非常痛苦的事情，因此才會發展到今日的情形。妳應該知道，我所以如此做，乃是爲了貫徹對妳的誠實。」

即使對於沒有愛情的女人，男人也會萌出性的慾望。而且，對於玩弄一個女人，以便保持對另外女人的誠實，他一點也不感覺到矛盾。這就是精神與肉體分離的例子。

新婚的妻子，介紹自己的表妹給新婚的丈夫，誰知他竟然跟對方發生了肉體關係。新婚妻子哭著問丈夫何以會如此時，他竟然如此的說——

「我對妳的愛是眞誠的，毫無任何的虛僞。我是由衷愛著妳的。但是，她具有一種讓人無法抵抗的魅力……所以我才……請妳原諒我吧……」

如果新婚丈夫對妻子說：「我愛她超過對妳的愛」，那麼，只好離婚，否則的話，內心的創痛將永遠治癒不了。至於對新婚妻子說：「我兩個都愛」的話，那種無意識之下的背叛，以及殘酷的作法，仍然會使女人感到絕望的。

不過話說回來，凡是一個精神正常的男子，當他抱著一個女人，一面背叛另外一個女人的話，他一定會受到良心的苛責。最重要的一點是——男人雖然受到內心的苛責，但是對他們來說，跟多數的女性保持關係，乃是很值得驕傲的一件事情。

男人雖然還愛他的妻子，但是對於其他女人，他也躍躍欲試。就好像從這朵花又到那朵花的蝴蝶一般，顯得貪婪而不知足。

如果把這種現象解釋為——「男人見異思遷，而且喜新厭舊。」的話，那就有一點牛頭不對馬嘴了。應該解釋為「不能從一而終，始終如一的愛一個女人。」比較貼切。

為何男人不能「始終如一」的愛一個女人呢？最根本的原因在於男人精神與肉體的分裂。除此之外，男人喜歡新的東西，容易被未知之物所吸引，亦是原因之一。

對男人來說，他們雖然親近舊的東西，同時也容易受到新鮮事物的吸引。以致有如一個乒乓球似的，在這兩者之間來來去去。對於那種新鮮的魅力，有時，甚至連當事者的男人也弄不清，它到底是屬於精神的領域、抑或是肉體的範圍？到了這種地步，他就會面對著一片混亂。以致對別人及自己，說出一些似是而非的道理。

就好像既吃了生魚片，又享受了一些三明治，當被人問道：「哪一種比較美味？」時卻又窮於應答一般……那就是男人的心態。

說來說去，男人的愛本屬淺薄，又只停留於表面的層次而已。同時又貪得無厭，永遠不會感到滿足。

最後，我要悄悄的告訴小姐太太們一件事。如果妳是能幹又優秀的女人，男人就會把妳看成主食的米飯。不管是什麼食物，其重要度都比不上米飯，因為它是我們每天都要吃的東西。我永遠記得一個日本小說家在座談會時，如此大言不慚地說——

「正因為我家有能幹優秀的老婆，我才可以放心的拈花惹草！」

家裏的米缸裝滿了特選的好米，使他了無牽掛，以致肆無忌憚的在外頭打野食——妳理解男人的這種心理嗎？

為何男人只求對象保持純潔

暴發户威廉執意非處女不娶。他再三挑選的結果。終於跟畢業於修道院附屬女中的凱塞琳結婚。此時，威廉已經五十五歲了。

他倆前往度密月的那一夜，十七歲的新娘看到飯店的走廊有不少標緻的女郎，以致十分好奇地問威廉——

「威廉，那些走來走去的俏女郎是誰呀？」

威廉心理很高興，因爲他的新妻顯得天眞無邪。

「那些女人都是在出賣靈肉的呀！」

「人家不懂，在出賣靈肉的又是什麼玩意兒嘛！」新妻問。

聽了這一句，威廉更爲高興。

「這個嘛……就是說只要給她五百美元，她就可以跟任何一個男人睡覺的女人。」

「乖乖！有五百美元啊！」凱塞琳喊叫了起來：「那些討厭的神父們，每次只給人家一個蘋果哩！」

不管時代改變了多少，男人本身已非童貞，但是他仍然希望自己的伴侶是處女。如今，號稱男女機會均等的社會，卻唯獨這一件事不曾改變，這到底是爲什麼呢？

一言以蔽之，這是男性的自私心理所造成的。

不過，男人的這種心理跟自然淘汰的原理不謀而合。也就是說，所有的動物爲謀求種族的繁衍，必須儘量的撒播種子。但是，我們卻又不能同時培育所有被撒在地上的種子。除非使用道德壓抑，一夫多妻是生物界的自然姿態。而且，種子也時常在求取新的土壤，也就是處女性。關於這個理論，女性可能不知道吧？

曾有人以一二七七名單身男性爲對象展開調查結果發現，已經拋棄童貞者佔了42％，只有17％想保持童貞到結婚爲止，其餘的童貞保持者「順其自然」。這些人的性觀念很隨便，表示有機會的話，將毫不考慮的拋棄童貞。

男人對自己很寬大，卻是嚴格的要求對方純潔，這到底是爲什麼呢？

第一、男人對處女永遠抱著「憧憬」的態度。或許他們會在口頭上如此的說：「沒有那種事，那是落伍的想法。」然而，這只是在口頭上「逞強」而已。內心裏，他何嘗不希望對方是處女？

另外，又以單身上班族爲對象，舉行了一次「希望結婚對象純潔的程度」的調查，結果在二二九五名的男性中，回答以「非純潔不可」的人佔26％，「最好是純潔」的人佔38％，合計起來超過六成。

原因不止於此，正因爲男人絕大多數已非童貞，才苛求結婚對象必須純潔無瑕。這種心理實在很矛盾，看到自己的一雙手骯髒，相對的，也不喜歡被男人的髒手摸過的女人。

男人們喜歡大言不慚的，敘述他們的意見——

「男人具有性經驗比較理想。如此在婚後才能夠引導妻子，使性生活趨向於圓滿。」其實，這只是事後加上去的理由而已。

不過，從這種的牽強附會，不難找出充滿諷刺意味的事實。那就是——男人拘泥於非處女不可的背後，隱藏著一個問題。這個所謂的問題不外是：男人對自己的各方面能力（尤其是在性能力方面）沒有自信。男人拘泥於處女的第三個原因，就在此。

基於這個觀點來看，當妳發現男人們以貪婪的眼光，在「結婚市場」的店鋪，翻來翻去，想找尋鮮度好的「貨色」時，妳會不會感到滑稽呢？

其實，把什麼「東西」稱爲純潔最恰當呢？這個問題的答案是見仁見智的。以蘇拉斯達教民族來說，欲成爲巫女的年輕女人，爲了替神服務，必需利用她的肉體去接待來寺廟參拜的男人。到了第二百個男子時，她就得跟他結婚。雖然如此，她還是被視爲最「純潔」的女人。

看來，東方的男子偏向於處女膜的崇拜，而並非拘泥於所謂的純潔性。或許是爲了滿足男人的處女膜崇拜，國內年有無數的女性接受處女膜再造的手術。看來，這種虛虛實實的攻防戰，將一年比一年的白熱化了。

為何男人喜歡裝成不嫉妒的德行

有個男人到律師事務所討論離婚事由。

「像我這種案件，你可能會收取多少律師費？」

「我盡可能不辦離婚。」律師答道：「你爲何要離婚呢？」

「其實我是準備和小姨子結婚。」

「啊！原來如此，那相當麻煩啊！光是付我的律師費就要好幾萬塊了，你還是先回去考慮看看。」

男人果然很聽話地回去了，可過了一週之後，他又去找律師。

「我和朋友商量之後，還是決定不離婚了。」

「太好了。」律師笑著說道：「不過，你的朋友是怎麼改變你的想法呢？」

「因爲他曾與我的小姨子交往過一段期間。他說，其實她們兩姊妹之間差異，值不了一分錢的……」

很多人相信，女人的嫉妒心比男人強烈。的確「嫉」與「妒」兩個字都有「女」字旁。然而，這兩個字是男性製造出來的，也就表示「嫉妒」並非是女性的專利品。事實上，男性的嫉妒心也絕對不下於女性。

只是，兩性表現嫉妒的方式不同。當女性感到嫉妒時，她們會直截了當的把它表現出來，但是男性絕對不會如此。當他們感到嫉妒時，他們會盡量的把它隱藏起來，再表現出「分明是嫉妒，但是看起來並不像嫉妒。」的德行。男人爲什麼會如此做呢？

理由在於社會的風尙。我們的社會一直輕蔑動輒就嫉妒的男子，並且不屑的稱他們爲娘娘腔。歐美各國也如此。

「男子漢大丈夫不該有嫉妒的心理！」

「男子漢大丈夫動輒就嫉妒，未免太可恥！」

——這種的評價，深深的被植入男子的內心裏。

對於我所敘述的「理由在於社會的風尙」，或許有一些人會感到疑惑。其實，只要社會形態不同，即可產生種種感到匪夷所思的現象。以下，我就要針對這種說法舉出一個例子。

著名的女性人類學者——瑪格莉特，前後花了二十五年時間，著手調查南太平洋土著的生活文化。結果她發現，新幾內亞的強普利族是一個女強男弱的社會。男人整天無所事事，只會吹笛子、跳舞、描畫兒以及雕刻。而女人們會從事勞動養活男子。甚至連身著戰鬥裝者也是女子。在這種社會制度之下，男人的嫉妒心便很強烈。而且，時常會抱怨、發牢騷。對於這些事情，女人必須負責解決。

然而，東方的男子不允許有這種率直的表現。當女人說：「你少來！人家會嫉妒哦！」時，她的態度看起來，有一種可愛的吸引人處。如果換成是男人的話，一定會受到類似：「喂！你實在太差勁了！」或者「唉……虧你還是男人呢！」的責難。

於是，逢到男人難以抑制嫉妒心時，他往往會把它改變形式表達出來。

首先，他會在內心把它屈折二、三次，再把它表現出來。關於男性的這種心理，年輕女子最好有所共識。如果，妳的男朋友若無其事的問妳——

「昨晚，妳跟A先生一道去看電影嗎？」

然後又繼續說——

「A先生是一位『電影通』。以後妳要時常跟他一塊兒去看電影，聽聽他的意見，如此對妳有益處……」

如果妳對於他所說的話，照單全收的話，以後將有妳受的！例如，妳把他所說的話，信以爲眞，而答應再跟A先生去看電影的話。

他很可能會如此的說——

「嗯……那就好……至於我嘛……根本就討厭那種電影……對了！看完電影，他送妳回家嗎？哼……」

到了這個地步，只要妳稍加用心，就不難看出來，他正在拼命地「忍耐」內心的不快。

到了這種地步，他再也不願意提出A先生的名字，只會很簡潔的試探妳「這部電影，不是有很多情色鏡頭嗎……」

幾個月以後，妳如果再提出A先生的名字時，他就會以不屑似的口吻說：「他又是誰呀？嗯……是不是和妳一塊兒去看電影的傢伙？我一點也記不得他了……」

他所以會無視於A先生的存在，而採取抹煞他的態度，不是在嫉妒，又會是什麼呢？

男人為何喜歡問女人的過去

一向非常正經的中年男子晉升爲總經理，他身邊也有了全公司男人一致公認，最性感的女祕書。

想不到某一天，他突然從窗户跳下來，以致折斷腿骨，被送入醫院，眾人十分不解，彼此議論紛紛……

於是，他的女祕書向大家如此「解釋」——

「總經理好古怪哦！三星期之前他給我一千美元，叫我脫掉衣服，只穿著內衣褲。到了兩星期之前，他給我兩千美元，叫我脫掉所有的衣服，只剩下一條小得不能再小的三角褲。就在這個禮拜，他給我三千美元，叫我脱掉身上一切的東西，再坐到他的大腿上。當時他以不安的口氣問我：『跟妳『搞』一次要多少錢？』我毫不考慮的回答：「馬馬虎虎啦！比照一般的行情就得了。就收你一百塊美金吧！」想不到他聽了這一句話之後，就大叫一聲，從窗户跳出去了……」

「妳跟我交往以前，不是曾經愛過一個男人嗎？他是怎樣的人？從事什麼職業？那是多久以前的事了？你倆『好』到什麼程度？」

男性打破沙鍋問到底的精神，眞令人甘拜下風。男人有時甚至不讓鐵腕的辦案刑警專美於前，苛酷地逼問女性的過去。這種習性，到底從哪兒來的呢？進入戀愛關係以後，女性並不會追根究底的盤問男人的過去。然而，男性卻想盡辦法要套出女性的「口供」，這到底是爲什麼呢？

第一、這正好證明男性的嫉妒心不亞於女性。認爲嫉妒心是女性「專利品」的人，那未免對男性太高估了一些。事實上，男性的嫉妒心也大有看頭呢！關於這一點，在前節敘述過了。

男性喜歡問女人「口供」之舉，除了嫉妒心在作祟以外，第二個原因是獨佔慾太強烈。對於目前佔有「她」的狀態，他仍然不滿足，心裏認爲——對過去的她也應該獨佔。一旦這種佔有慾高昂的話，即使女性跟家族的朋友親近，他也會感到不受用，甚至在每一分每一秒裏都想佔有她。這種心理太嚴重的話，就會逼對方以雙雙殉情的方式，永久的佔有對方。

第三、男人的心底有一種奇妙的想法，那就是——一直想試試他是否是有問她的權利。關於這一點，女性就不同了。女人一旦有了男朋友，她就會開始重視他的現在及將來，卻並不十分在乎他的過去。

「因爲他是男人！免不了有種種的經驗。如果什麼都計較的話，那還能跟他廝守下去嗎？」女人對男人的寬容度比較大。因爲，對男性的「遊戲」不怎麼追究的社會習慣，已經在無意識下被她接納了。

但是，社會對女人的放蕩、不檢點，卻是不能寬恕。影響所及，甚至一些自命進步、新潮的男人，仍然在內心裏「很在乎」這一點。以致當男人到了找尋未來伴侶的階段時，他就開始向女人問東問西。

逢到這時候，有些男只是大略地問問。不過，有一部分男窮追不捨地問個沒完。這就要看問話的男人性格了。如果是陰森森的男人，將夠妳受的！他會像一條蛇似的纏住妳。妳告訴他一件事後，他會再追問一句。妳回答後，他再提出第三個問題……就如此這般，對妳展開疲勞轟炸。

報章上所謂的「煩惱的解答」時常會出現醒目的標題——「過去的事情應該告訴他嗎？」從上面所舉的例子推測的話，妳當會知道，不告訴他最好。其實，最理想的情況是把一切可以說的部分，都坦白的告訴他，待他獲得免疫力之後，再跟他結婚。

所謂「可說的部分」，即「我曾經和兩個男人交往過」，而不是「我曾經和兩個男人搞過……」交往情形大致可說，至於床上的事就免了吧！可別太「純潔」！

不過話說回來，現實是無法盡合人意的。有一些男人聽到妳的告白後，將拂袖而去。如此一來，妳不是功虧一簣了嗎？就算他當時不計較，過了幾年後，如果找妳算老賬的話，妳將有一場痛苦的災難。

男人在表面上都說冠冕堂皇，說什麼「我會把妳的過去付之流水」或者「我不會跟妳計較以前的那些……」以致逼得妳把芝麻小事都「抖」了出來。不過，到了他醉醺醺時，或者感到不受用時，他就會提起這些事情，向妳興師問罪。

由此看來，還是不要被他把話套出來才是。否則的話，它將變成一顆「不定時的炸彈」，不知何時會炸開呢！因此，我忠告所有的女性，最好避免過度的「坦誠交心」。

除非妳具有「了不得」的經驗，否則的話，逢到男人的「拷問」時，不妨裝成羞答答的樣子，對他說——

「……你是我第一個眞正愛上的男人呢！」

因爲，男人想「拷問」妳的第四個原因就在此，他要讓妳肯定。有時，男人是爲了聽這一句話而「拷問」妳呢！

「有生以來……是我第一次眞正地愛上男人，怎會愛得如此莫名其妙呢？連我自己也感到很意外呢……」

相信沒有任何一句話，比起這一句來，更能夠叫男人感到心花怒放。聽了妳這一句明明是打迷糊仗的話，他卻會感覺到你的表達有夠清楚，這會令他陶醉在眞正是妳第一個男人的美夢中……因爲，他證明了「自己想要相信的事情」——那是一件了不起的事。

男人為何喜歡把戀愛結婚分開

一個男子因爲女朋友不讓他搞「那件事」，讓他感到怒不可遏。

有一天，他用車子把女友載到距離市區十公里遠的地方，威脅她說：「妳是要跟我『相好』呢，或是妳想要一個人走回去？」

結果呢？女友選擇——走路。

一個星期後，他又把女友載到距離市區二十公里遠的地方。

結果……女友還是選擇——單獨走路回去。

第三週，他狠下心來把女友載到距離市區三十五公里遠的地方，再叫她從兩者中擇其一，這一次女友終於屈服了。

當辦完事情之後，男子得意揚揚地說：「如今想起來，妳是否會感到划不來呢？前兩次都白白走了那麼遠的路？」

「哎！我不知道耶？」女友說：「走十公里的路對我來說，並不算一回事，即使是二十公里，我也還可以忍受……因爲我實在很喜歡你，所以才不想將淋病傳染給你……不過，要叫我走三十五公里的路，我實在是心有餘而力不足呀……」

男人有一種戀愛是戀愛，結婚又另當別論的想法。

「戀愛不一定會發展到結婚，也不一定以結婚爲前提。」

如果是十多歲或者二十郎當的男子，說出這種話倒也罷了。偏偏由適婚年齡，而且是上班族的口中說出，這就叫人嘖嘖稱奇了！

根據調查，每五個男人當中，就有一個男子具有這種想法。這到底爲什麼呢？男人都希望戀愛與結婚涇渭分明嗎？

第一、關於戀愛這檔子事情，男人總認爲多多益善。他們如此想著——「如果每逢戀愛就要結婚的話，有再多的戶籍也不夠派上用場。」難怪他們要把戀愛跟結婚分開。

第二、對於男人來說，戀愛是他們求之不得的事情。至於結婚呢？那就叫他們感到興趣缺缺了。對多數的男子來說，結婚並非「目標」，而是一種

「結局」罷了——年輕的小姐們，最好記住男人的這種想法。

男人對愛的過程，表現得非常的熱情。不過，他們不喜歡被「固定」在那兒。他們喜歡不停的追求新的東西，其性情就如不斷活動的獵人一般。關於這一點，安利．達普美拉說得很透徹：「一旦戀愛，男人喜歡在那兒紮營，但是女人喜歡建立一個家。」

到了最近，戀愛的方式似乎改變了很多，喜歡刺激以及快速度的女性，似乎增加了不少。

話雖然如此說，跟自己鍾愛的女人結婚，就是對男人來說，仍然是一件值得感激的事情。只是——歡喜歸歡喜……微妙處也就在這兒。

美國的幽默作家——傑姆斯．薩巴如此的寫著：「不管是哪一個男人，當他訂婚時，都會如此想著：如果能夠再等二十四個小時的話，他可能會找到更為理想的女性。」

縱然不到如此極端的地步，但是，免不了有一種——「以後，再也不能自由自在跟女性交往了。」的感慨。

第三個把戀愛跟結婚分開的理由是——男性的內心普遍存在著一種「自

以爲是」的想法。那就是——

「求自戀愛對象，不外乎想獲得溫馨的氣氛；而求自結婚對象者，乃是在坎坷的人生旅途上的助手。自然而然地條件就會大不相同了。」

「以談戀愛來說，第一條件必須是美女，話題要豐富，具有機敏的融通性，及擅長於社交……總而言之，跟她接觸時能夠感到愉快的女性最好。如果跟這種女人結婚又會變成如何呢？因爲她們不能對家庭負起責任，又缺乏任勞任怨的精神，所以不合適。能作爲妻子的女性，必需健康，家庭觀念很深的女子，最好是溫柔體貼並懂得維持家庭的經濟。」

哼！眞會打如意算盤——作此非難是很簡單的一件事。不過，男人如此說也不無道理。至少從這些話裏，欲步入結婚禮堂的女人，可以概括性的了解，想結婚的女人，必需具備哪些條件？實在有虛心研讀的必要。

男人為何相信風塵中有純潔的貨色

中年生意人帶著太太到花花世界的巴黎去。陪太太買東西後的第二天，他說服太太去「個別行動」一天。

他自己在一家咖啡廳，遇見一個漂亮的金髮女郎。可是彼此價錢談不攏，結果就分道揚鑣了。金髮女郎要求一百美元，而生意人則堅持三十美元。結果，毫無斬獲！

當天晚上，個別活動結束了，他帶著太太到豪華的餐廳去，在那裡又遇到了那個金髮女郎。

當他們夫妻經過那個美女身旁時，只聽到她輕聲地自言自語——

「哼！三十塊，當然是只能要到這種貨色！」

理由很簡單。因爲男人是浪漫主義者，又喜歡做白日夢的緣故。

如果把這句話說給賢淑的婦女聽，她一定會說——

「那是永遠不可能實現的夢，也是無聊的夢，不如用那種精神去養一隻貓好了！」

其實，憑道理來說，男人也知道那是不可能的事情。儘管如此，逢到那種場面，他又相信會發生「奇蹟」。

大體上說來，對於「異性刺激」方面，女人總是會表現出一種屈折的反應。如人的內心比較複雜，時常會描繪出不同的波紋，並且顯示出微妙的振幅。但是男性卻會明快、率直的表示反應——

「我可沒有那樣單純哦！」

或許有一些男性會如此的抗議。然而說穿了，這乃是自我認識不足的必然後果。最好的證據是——煽動男人，比起煽動女人容易得多。

「我說陳董啊，最近怎麼都不來光顧呢？你敢情泡上了別家的妞兒，我可會吃醋哦！」

經風塵女子如此說，他的內心雖然會如此想著「那只不過是職業性的應酬話罷了！」

但是，仍然會自我陶醉起來，不知不覺的萌出「憐香惜玉」的念頭。正因爲如此的「天眞」，一旦在街頭有人隨便的遞給他一張應召女郎的小卡片

（上面印著：歡樂今宵……可愛的女子正等著您的電話……）時，他就會如此的想著——

「反正，打一次電話也損失不了什麼……」

待回到家裏，打電話給應召女郎時，一顆心竟然在猛跳。「也許她會對我比較特別……」心裏甚至充滿淡淡的期待感。

「事實比小說更充滿了怪奇，怎能一概而論呢……」

購買彩券之類時，幻想自己會中大獎的機率，男性比女性多出好幾倍。這都歸結於男性喜歡做白日夢，而又屬於浪漫主義者的緣故。

而且，又有姑息女性的心理在發生作用，這一點往往會構成男人的致命傷。男性分明知道女人在撒謊，但仍然會告訴自己說，「這次她說的是眞話吧！」

我有一位朋友是典型的花花公子，一向自命爲「唐璜」。

「妳呀！和其他的女孩子不一樣，妳根本就不是屬於這種地方的人。我想，妳一定有不得已的苦衷……」

他就以這種的「演技」，跟一打以上的女人，發生了不尋常的關係。

有一天，他被騙了一筆錢，竟然還亮著眼睛對我說——

「喂……這個世界竟有那麼不了解純情的人呢……」

他還是認爲對方無知，而自己只是倒楣罷了。

我在暗地裏感嘆「果然是『人上有人』，世界上還有比他的段數更高的人，而且是女人呢……」

男人往往必須耗費一段時間以後，方才會察覺到自己跌落在自己所織造的白日夢的陷阱裏……

為何男人甘心做個怕老婆的人呢？

有個男人很驕傲地對朋友誇示妻子對他有多好。

「晚上我回到家，任何東西都一定會爲我準備得好好的。拖鞋、菸斗，書桌上燈也已點好，書就翻到我上次讀到的地方，而且晚餐之後，熱水經常是滿滿的。」

「拖鞋、菸斗及書桌那些，我都不難可以想像……」朋友不禁問道：「但熱水到底是怎麼回事？」

「是這樣的……」男人答道：「我老婆十分體貼！她知道我很討厭用冷水洗碗。」

某一美國著名的精神分析學家，曾經到日本做演講旅行。在回去美國之前，他在一次的歡送會說了這麼一段話——

「我早已風聞日本是男人的天堂，內心一直感到非常羨慕。不過，待我仔細觀察以後，方知貴國的男士們多少帶有幼兒的習性，使我不禁有些失望與同情。」

這表示——日本的男性喜歡在客人面前，以命令的口氣對老婆說：「喂！茶呢？」待老婆要出門，自己必須看家時，又會再三的提醒老婆，「喂！妳弄好了午飯沒有？」以精神分析的立場來看，那種動作意味著自己不會做任何事情，跟幼兒依賴母親的心理，完全沒有兩樣。

發揮出大男人主義的話，看在精神分析家的眼裏，是不折不扣的幼兒心態。妻子也會非難他說：「好一個又粗暴又封建的男人，實在一無是處！」

正因爲考慮到這一點，最近有一些乖巧的男子，更改了他們的宗旨，變成了懼內的丈夫。他們振振有詞的說：「怕老婆有什麼了不起，怕老婆才能保持家庭的圓滿啊！」

只有渺小的老公才會對老婆作威作福。眞正有價值的男人是不會如此做的，他們反而會給老婆面子。有道是弱小的狗才會狂吠。只要具有百獸之王——獅子一般的風格，就算狗在狂吠不已，你也可以不動如山、泰然自若地對她說——

「好吧……一切都由妳來處理吧……」

如此一來，不僅不必費唇舌，又可以落得清閒。據說成了懼內的老公以後，家事更是不必去操心，老婆自然就可以安排得很妥當。

「你回來了！好吧！快把衣服更換，我要洗衣服了。」

「先吃晚飯啦！報紙等一會兒再看！你先去吃，這樣我才好收拾。」

「你不要再看電視了！快點睡吧！明天還得上班哩！」

這一切的一切，好像住在學生宿舍裏，受到舍監的看管似的。不過也很像輸送帶上的產品，一切由機械所操縱，你一點也不用操心，徹首徹尾地做一個被動者。同時，這情形也可以適度地滿足老婆的母性愛本能，可說一舉兩得。

以前在冷戰的時代，有個英國的陸軍大臣金屋藏嬌，偷養著一名情婦。想不到這個情婦是最著名的間碟，她把自己窺探出來的西方軍事機密，都送入共產集團國家，以致引起了大騷動。當時，各國的媒體也競相的報導，引起了很熱鬧的話題。

發生這件事以後，英國人都非常的激憤，尤其是陸軍大臣夫人更感到怒不可遏。這位陸軍大臣在公開的場合，屢次現出「懼內」的德行，叫人做夢也想不到，原來他把懼內的德行，當成外遇的幌子。以我們的社會而言，學這一招的「柔弱老公」不能說沒有，因此爲人妻者，請多多注意哦！

當然啦，並非所有男性的心理都有如此的雙重構造。眞心寵愛老婆以及懼內的老公，不能說沒有。只是這一類的老公，必須經過漫長的一段夫婦生活，由老婆的手完璧無瑕地「調教」出來才行。

不過話說回來，不管如何的由老婆「飼養、調教」，仍然很難以改變老公的本性。往往會在意外時，突然地被表現出來。這表示要從老公內心深層，找出「本性」是極困難的一件事。

有一位櫃內的男子，突然失去了他最愛的妻子。他表現出痛不欲生的樣子。或許老天在可憐他吧？當妻子的棺子被抬出家門，撞到門柱時，妻子突然又活了過來。

但是，幸福的日子並不很久。一年後，妻子又撇下丈夫走了。不過，當參加葬禮的人們再次抬起棺木時，丈夫很慌張的說——

「啊！請大家小心一點！別再撞到門柱了！」

老婆生產時男人的矛盾心理

「大夫……」阿三有點忸怩的問醫生說：「請問要過多久，才可以跟女人搞那玩意兒呢？」

「咦！你的老婆不是這個禮拜才剛生產嗎？」醫生問。

「是啊！」阿三有點不好意思地回答：「可是，我問的是剛割完扁桃腺的女朋友呀！」

女性在一生當中，只要生下了小貝比，大都會現出驕傲滿足的臉色。

但是在這種場合，「共同製作者」的男人，爲何會感到有些害臊呢？

理由無他，也就是在「共同製作者」這幾個字上面。生產這一件事情對女人來說，意味著將取得身爲人母的資格。在十月懷胎的期間內，女人的胎內的確有暖烘烘的感覺。

很遺憾的是，男人卻沒有這些現象。你不妨看看妊娠中的妻子以及她的老公。妻子挺著一個大肚子，感覺到揚揚得意。表情更是爽朗，好像表示，我不久以後將爲人母，並且將懷抱著可愛的小娃娃。

「那個傢伙就是把肚子搞大的『罪魁禍首』嗎?哼……」

每當旁人的眼光落在丈夫身上時，他總會萌出這種想法。同時，瞄他的人的眼光，並不像是在稱讚的表情，甚至看來有些揶揄與輕蔑的味道。就算周圍的人並沒有這種念頭，那個丈夫也會那樣認爲——他所以會如此，乃是男人本來就對他人的眼光很敏感的緣故。

例如，以一件小裝飾品而言，女性只考慮到自己是否喜歡，她根本就不會想起旁人的眼光。但是男人就不然了。他對別人的眼光十分敏感，如果是他認爲別人會取笑的裝飾品，那……他們就不會購買的。

女性一向以自我爲中心，而男性則會考慮到大衆眼光的關心。

到預定的生產日，丈夫一早就會感到坐立不安。因爲，責任感（或者義務感）、困惑感以及焦燥感，已開始在內心翻騰。

「你很焦慮是嗎？」

當有人如此問丈夫時，他通常都會很害臊的回答——

「沒有的事……我並沒有焦慮呀……哈哈哈……」

其實，他是在害臊。迄今仍然過著原始生活的種族，當妻子分娩時，丈夫都會學習她的動作，但是文明人老早就忘光光了。

待嬰兒呱呱墜地，平安無恙的被生下來時，身爲丈夫者，當然會感到欣喜異常——但是，當護士小姐把哭叫的小生命捧到他眼前時，儘管在觀念裡，他能夠理解嬰兒就是他的孩子，不過，他不可能有如女性一般，產生一種「我的分身」的直接感情。剛出生的嬰兒分明有些像猴子。然而，旁邊的人們偏偏喜歡說——

「哇！這小傢伙長得可眞像爸爸！」

聽到了這一句話的他，因爲初爲人父，只會感到十分的羞澀……

哎！男人你到底在想什麼？

第二章

女性心理分析

女人何以動輒就流淚

初夜的洞房中，坐在床沿的新娘流著眼淚，喃喃地低語——

「人家眞是不敢相信，簡直令人無法相信……我倆眞的結婚了。」

「稍安勿躁！」喝得滿臉通紅的新郎說：「等到俺解開了該死的鞋帶以後，妳就會相信啦！」

逢到畢業典禮時——平常對學校有太多的不滿，而且和導師、教官關係都搞得很不好，如今就能夠擺脫它了。本來應該欣喜雀躍才對，誰知唱出「青青校樹，萋萋庭草」時，女生們往往會眼眶潮濕哭了起來。女生都會互相擁抱著，嗚咽的聲音此起彼落。

女兒出嫁時「爸爸、媽媽，謝謝您倆一直以來的疼愛與照顧，您倆要多保重啊……」說著，濃粧的臉上開始希里嘩啦地哭了。

女人的一生堪稱浸在淚水裏——心裏悲悽時，那沒有話說；想不到喜事臨門時，她們也要熱淚漣漣。這到底是爲什麼呢？以心理學的眼光來看，女性的淚腺不見得比較粗大，但是，她們爲什麼可以動不動就會流淚呢？

最叫人感到不可思議的是——女人在機場送老公或兒子出國時，又是不停地拉手，又是激流滿腮……使別離的場面顯得悱惻而扣人心弦。想不到，在回家的路上，她立刻滿面笑容，對同伴說——

「嘿！我們去吃蜜豆冰好不好？」

這種心理實在叫人費猜疑。如果基於心理學上來分析，女人的流淚是跟「快感」連結在一起的。原來，她們在流淚時會感到一種「淨化作用」。如果以世俗的說法來表現的話，那正是一般人所謂的「心胸感到開朗」。她們浸在淚水的深淵，很快樂的在那兒漂流。

最爲典型的代表是——

「這一切都是我的錯。如果打了我，你會感到好受一點的話，那……你就打吧……」

女人如此一面抽泣，一面說出這一句話時，男人總不能說：「好吧！我就成全妳！」而動手揍她。

「好了、好了……一切都過去了……妳不要再哭了。」

大多數的男人碰到女人哭泣時，立刻就會顯得手足無措，這也是男人最大的缺點。

對於女性的眼淚，男人應該提高警戒心。因爲，女人都十分了解，只要讓敵人看到她的眼淚，他就不會再度展開攻擊。有一位政府官員因受賄賂而被逮捕。原來，他爲了滿足虛榮心強的妻子，不惜犯下滔天大罪。正因爲這位夫人一直在法庭哭泣，以致連鐵面無私的法官，一時也拿她毫無辦法。

不錯，「眼淚是女人的武器！」是一句至理名言。

有一些昆蟲碰到危險時，就會把自己收縮成圓狀，裝成死掉的樣子。這就叫做「利用擬態的逃避」。

而這種現象，與女人的眼淚有一脈相連的共通點。

但是，女人不但利用眼淚做爲逃避的工具，又想憑擬態獲得利益。諸如，電影上就有這種的描寫。女的因爲和男的吵了起來而哭泣。本來，要棄她而去的男人，回過頭來看她一眼。接下來，他把她「梨花一枝春帶雨」的面孔拉近，很熱情的擁吻——就如此這般，女人憑著眼淚獲得三樣東西——「快感」、「逃避」以及「利益」。

如果男人忿忿不平地說——

「所以嘛！我說女人是狡猾的動物！」

那無異是自己打自己的嘴巴。

女人爲什麼會那樣呢？說來說去，還不是男人太溺愛女人眼淚的緣故。

他們還創造「梨花一枝春帶雨」的句子，藉以形容女人流淚時的風情。

事實上，悄悄地拿手帕兒揩眼角的舉止，只有女人才能夠顯得百分之百地「楚楚動人」。如換成是男人的話，那像什麼樣！只會突顯出滑稽與令人討厭的模樣罷了。

為何女人喜歡做無意義的笑

南茜與瑪莉——她倆都是被男友甩掉，單獨過生活的女人。

有一天，兩人談論到男人。

「瑪莉，妳喜歡哪一種男人呢？」南茜問：「我是說，立刻叫妳上床的男人，以及不會這樣做的男人……」

「天啊！世界上還有那種不會叫女人上床的男人嗎？」瑪莉微微地笑著。

有一次，我有事到一所高中女校去拜訪一個朋友，在教務處附近的走廊，迎面走來了女學生。她們幾乎都是兩三個人爲一組，同樣穿著白色的制服。接近我時，她們都對我一鞠躬。我當然也對她們還了禮，再擦身而過。如此離開了二、三步距離時，女學生突然嘻嘻的笑起來——剛開始時使我感到不自在。「她們到底在笑我的什麼地方呢？」我一直在反省，但是，始終找不到原因。

「那是女學生喜歡做『無意義的笑』的緣故！」過了很久以後，我才領悟到這一點。於今想起來，那時女學生們的笑，不外是以——親和感掩飾自己的羞澀，「我們碰到了帥哥」、「哇！這個人沒見過耶！」、「嘻嘻嘻……」等等的混合作用罷了。

不過，女孩一旦長成淑女時，無意義的笑容裏面，將摻進其他的要素。例如——困惑、猶豫不決、欺騙以及體恤等。

「妳喜歡我？或討厭我？妳就坦白的說出來吧……」

「那麼，妳是否另外有男朋友？」

「那麼，我還是希望囉？」

「……」（只一味的在微笑）

「星期天，我能約妳出來嗎？」

「……」（又是微笑）

「那麼，妳就跟我的父母見一次面吧！」

「可是……」（又再度的微笑）

這類女性，最擅長於露出「蒙娜麗莎的微笑」。

不過這微笑裏，卻包含以下的涵義——

「他問我是否喜歡他，實在叫人難以啓口。我當然不會討厭他，可是離情侶的階段還有一段距離呢！他所謂的『希望』，是否指著繼續來往？或者結婚？這種事情，怎能夠一下子就回答呢？他要打電話給我，我並不反對……可是一旦我媽媽接到了他的電話，她會有什麼想法呢？我得趕快跟媽媽溝通一下……至於跟他的父母見面嘛？是不是太早了一些嗎？人家會感到難爲情呀……可是，我又不便拒絕他……看他那麼一本正經的表情，哎！怎麼辦才好……」

——她的內心裡想的就是這些。

在這個過程中，她認爲不應該傷害到對方，因此才露出謎一般的微笑。

有一些女性「更絕」，她們爲了掩飾自己的害臊，對任何人、任何事都只會一味的露出笑容。

例如，在十字路口，突然傳來尖銳的緊急剎車聲音。

「哇！有人被車子撞到了！」

人群奔了過來。所幸並沒有發生車禍，只不過是有個女孩在馬路上跌了一跤。對於那些關心的路人問的話——「妳沒有事吧？」或「妳有沒有受傷？」等話，女孩只能以笑作答。

這種笑其實有點接近白癡式的笑容。有時，在街上遇到老外以連珠炮式的英語向人問路，很遺憾的是，有些根本就聽不懂。在萬分困窘之下，也只好微微一笑——如此一來，可能會使對方產生誤解，必須謹慎一些才好。

為何女人抗拒不了流行

坐在走廊上，兩個女人開始閒聊。

「我那口子呀！」其中一人面帶微笑，得意地說：「買了一打玫瑰回來，拜花之賜，害得我這個週末……都得張著腿過呢！」

「爲什麼呢？」她的朋友不解地問：「難道妳家沒花瓶嗎？」

妳不妨回想一下，當妳走進服飾店，想挑一件衣服時——

「妳的眼光眞厲害！這是今年相當流行的搶手貨，因爲它的款式是最新的……像妳這樣的身材穿上它，簡直是無可懈可擊呢！」

只要店員如此一說，女性就會認爲「噢……眞是這樣嗎？」而任由店員擺佈。然而，男性剛剛相反。店員如果使用這種戰略的話，將招來相反的效果。通常，男性都不太願意走在流行的尖端，因此，店員只好如此說——

「這種款式，是今年很受歡迎的。」

如此才能夠引起男性產生「那麼，我也買一套。」的念頭。諸如此類，男女對「流行」的反應，完全不相同，這又是為什麼呢？

原來，女人被流行所「拘」的心理，有三項——

1・女人具有一種迅速地「撲向」新東西的好奇心。

2・女人都想走在流行的尖端，領先其他的同性，喜歡對他人誇耀，也就是說，具有一種顯示慾。

3・如果跟不上潮流的話，她就會感到羞恥，有一種不想落於人後的「同一性質」。

關於第一項，所謂的個人差別很大。男性關心流行的場合，主要以第三項為原因。至於女性的場合，往往是同時涉及第二及第三項。這也就是女性抗不了流行的根本原因。

本來，第二項與第三項是互為矛盾的，不過，這兩項竟然可以在女性的內心和平共存。

一旦傳播媒體宣佈，今年流行的服飾款式，有一種女人便會立刻的撲向它。於是，很快地便可看到這些女性，身著新流行款式的服裝穿梭街頭，似乎不管那些服飾是否適合於自己。其他人也會起而仿效。不久以後，滿街充斥著穿同款式衣裳的女人，形成了一種氾濫的狀態以後，反而變成制服般，就失去新鮮感了。

然後，又有一些設計家、廠商，以及他們背後的傳播媒體，又開始推陳出新，打出所謂的「最新流行」。

就如此這般地，永無止境的循環下去。最好的證據是在過去的一百年之間，女人的裙子就有如上下電梯一般，一會兒長，一會兒又變短，不斷重複的結論顯示——女人的服飾根本是被商業宣傳牽著鼻子走。

其實，男性也沒有嘲笑女人的資格。關於對顯示慾的要求，男人可透過地位、頭銜等獲得滿足，但是女人比較少有這種機會。於是，只好向服飾與生活方面訴求了。

只要是人類，誰都有偶爾從現實逃避的念頭。關於這方面，男人可沈迷於酒吧、麻將，或者打打小鋼珠（柏青哥）。女人因爲不能如此的做，以致縱然自己不能穿上流行的衣裳，亦可以從觀賞中獲得滿足。例如——觀賞時裝表演，或者在房間裏張貼流行服裝的模特兒照片，不然就是欣賞女主角更換三十套服裝的電影，以求得心理方面的滿足。

為何女人記得不重要的事情

AV電影導演如此的要求——

「在這個場景裏，妳儘量裝作處女的樣子……」

「你分明在爲難人家嘛！」女明星回嘴道：「你以爲我是演技派的大銀幕上明星嗎？想想看！攝影師是我的前夫，燈光師是我的情人，至於我戲中的丈夫嘛……如今，我正跟他同居呢！在這種情況之下，叫我如何扮演處女呢？」

「張柏芝與謝霆鋒還是離婚啦！她在五年前的某月某日才結了婚，怎麼那麼快就離婚了呢？」

「怎麼？妳連別人結婚的日子都記得呀！」

「因爲那天下雨，我倆到百貨公司去買你那件黑色的夾克呀！在回家的路上，吃完夜宵時，沒雨了，你還把雨傘給忘了呢！」

老公們時時會驚嘆，他們的老婆爲什麼能記牢一些不重要的事情。

未婚的女子亦復如此。你如果參加過同學會，也許不小心會聽到如此的交談——

「某某老師，是否仍然很健康呢？現在他是否在講課以前，還有扶扶眼鏡的習慣？」

「妳還記得說話會皺鼻子的李主任嗎？」

「噢，妳是說老是把頭髮往後梳的那位主任嗎？」

「妳還記得嗎？從學生宿舍通往餐廳的走廊，到了晚上有一個地方常會發生怪聲呢！」

聽著她們懷昔日的談話，對於她們能夠牢記瑣碎的小事，實在感動萬分。有時也會令人如此的想——如果對於功課也能夠如此牢記的話，那是最好不過了。

爲何女性對於往日的瑣碎事，能夠發揮出那麼優秀的記憶力呢？

1・關於「機械性的記憶力」，女性比男性好得多。

2・因爲女性的生活空間受到限制。

以男性來說，活動範圍包括——辦公室、家庭，有時還要跟上司、同事周旋，一會兒又是出差，又是出席會議。消遣方面有高爾夫球、麻將等等，生活顯得多彩多姿。但女性的生活空間卻很狹窄，是故，比較容易把種種的事情連貫起來，當然就記牢一些瑣碎的事情。

然而，原因不止於這些。女性通常都「珍惜過去的往事」，具有一種緬懷往昔的習性。所以，女性的懷古念舊的趣味遠較男性豐富。

「仔細的想想，你眞是又誠實又純情。當你在我家的客廳，對我說『妳就嫁給我吧！我一定使妳幸福。』時，你的鼻尖還冒出了好多的汗珠哩！」

經老婆如此一提醒，老公都會嚇了一大跳！

總之，女人喜歡翻閱「記憶的相簿」。

與其翻看相簿，男人則寧願拍照。換句話說，如果他有時間去緬懷過去的話，他寧可利用這些時間來開拓未來。正因爲如此，他時常爲了拍攝其他女人的照片，而受到指責與痛罵。

同時，男人也有一種「瑣碎之事，最好快點忘掉」的心理。尤其是一些對自己不利的事情，他都會儘快的把它忘懷。

「咦？那時，你不是很肯定地答應了嗎？」

「眞的嗎？我眞的有馬上答應嗎？」

到底是眞的忘記了呢？或者只是在裝蒜？實在叫人費猜疑呢！

男人只想對重要的事情，試著以理論的方式牢記。但是，女人卻能只憑感覺，記憶她印象最深的事情。而且，女人的這種特性，有時也會帶來很大的益處。

「唔……我把那位賣保險推銷員的名片丟掉了……如果不打電話拒絕她的話，這女人一定會再來煩我……」

「我記得她的電話號碼，那是三八八四五四五。」

「咦？妳的記憶滿好嘛！」

「那沒什麼啦！因爲她有點『三八』。所以我把她記成『三八八是吾是吾』，如此一來，一輩子也忘不了呀！」

對於女人這種不可思議的記憶作用，男人可千萬不能忽略哦！

為何女人的第六感那麼厲害

小薇正在考汽車駕照，通過了筆試之後，還要口試，主考官就設想了一個狀況題考她，他問道：

「當妳的車子在馬路上遇到一條狗，和一個老人家過馬路時，妳會撞狗，還是撞老人家？」

小薇毫不思索地回答：

「當然是撞狗。」

主考官聽了之後，表示口試不及格，下次再來。

小薇很不服氣地問：

「爲什麼呢？人家直覺如果撞上了老人家，搞不好會鬧出人命！」

「該死的！難道妳不會踩剎車！」

女性的第六感的敏銳度，一向會獲得男人的好評。也是男人不得不俯首認輸的一點。

例如——你一夜風流之後，把酒吧的小火柴、飯店的收據，以及任何足以當證據之物都丟掉，認爲「絕對安全」的回家。

「噢……累死人啦！公司的大客戶請客，實在令人吃不消。」

即使想盡辦法演得唯妙唯肖，但她還是有一雙看破事情的「法眼」。

「少來！你以爲老娘是白痴嗎？你說，你野到哪兒去啦？」

她說話的語氣，彷彿五萬里外所發生的事情，也逃不過她的慧眼似的！對於這種洞悉一切的第六感，眞讓世上的老公都伸舌頭，表示「服」了。

爲何女人的「第六感」會如此的敏銳呢？

其原因之一，男性以論理的思考力取勝，而女人感覺的直觀力，眞叫男人甘拜下風。欲把握一件事情的眞相，或者實態時，男人會一步一步地登上論理的階梯。換句話說，他們喜歡採取以道理斷事的方式。是故，一旦階梯在中途折斷，他們就不能再向前推進了。

「好複雜哦！令人費解！」一旦男人提出這個結論，那就表示——再也不追究下去了。女性卻不如此。她們從來不重視論理，只重視在那一瞬間，在自己腦海裏閃動的靈機。

未婚的女性亦復如此。有位女孩子跟公司裏的男同事，約會了幾次已經快要「升格」爲情侶。本來已約好去看電影的他，下班時突然對她說——

「眞對不起，這個星期五我不能陪妳去看電影了。我當兵的好朋友要來……所以……」

在那一瞬間，她的內心就浮現了一個念頭，「這話有一點兒蹊蹺……莫非他要別的女孩子約會？」

到了下星期一早上在公司照面時，他的頭髮有到理髮廳「修整」過的痕跡。「嗯……果然沒錯！」她確信自己的第六感沒有錯誤。

以致他雖然笑容可掬的對她說：「早安！」時，她卻連平常的「微笑」也收起來了。

當然有時女人的第六感也會「不準」，但是十之八、九都很靈驗的。

正因爲如此，有些女人很自負地說——

「我的第六感很靈耶，連我自己也感到奇怪呢！」

「打從學生時代起，我的第六感就很靈驗。當我心血來潮，擔心上英文課時老師會叫我背書，或者突然感到遠足那天會下雨時，果然，到頭來全都變成事實。」

有個女孩子對K先生產生了好感。在某一個星期天——「現在我如果到街角的郵筒去投信的話，一定會碰到上街買報紙的K先生。」她突然萌生了這種念頭。爲了試試自己的第六感是否很準確，她專程上街走一趟，結果眞的碰到了K先生。

第二個原因，有如我在上面敘述過的一般，由於女性的生活空間比較狹窄之故。女人的活動範圍有限，每天的生活較單調，內容也善可陳。是故，女人可以把注意力集中於一件事。同時，又能夠基於某件事，探求它與別的現象之間的「關連」。

「對了！上個月的今天，我老公買了土產回來。那時已經深夜，他醉得一場糊塗，可是還勉強去沖了個澡……嗯！那件事跟今晚……或許有連帶的關係……」

就像這般的可把幾件連貫起來。除此以外，女人對斷續、接近的事情，以及類似的事情都很敏感。例如，她們能夠憑觀察男同事A，每次繫紅藍領帶上班時情緒的不穩定，以及B每到星期五的三點左右，都會悄悄地開始打手機之舉，有系統的連貫起來，再成立所謂的「第六感」。

第三點所謂的——連自己也感到不可思議的說法，應該稍微修正。人類的腦部，一天之內有成千上萬的思想及雜念川流不息，它們有如河面的泡沫一樣，不久以後就會消失。是故，只有「忘卻作用」故障的人，才會陷入雜念恐怖症。

第六感方面也相同，有些很準確，有一些則不準。只是，男人對雙方都容易忘記。而女人呢？她們卻記得判斷準確的第六感。因此，她們更爲肯定自己的想法——關於女人的第六感及神祕性，男人們最好表示一些些的「敬畏」，並且把它看成某種的警惕作用。

女人何以喜歡說悄悄話

參加婚宴的瑪麗安和鄰座的露絲竊竊私語——

「那個新娘看起來好像很累。」

「說得也是。」露絲答道：「爲了這場婚禮，她實在是累壞了。」

「是啊！看她的長相也知道，她一定追新郎追得好辛苦！」

「……」

女性一旦有了親近的同性朋友，就喜歡以「妳……妳聽我說……」或者「我……我告訴妳……」爲開場白，說一些「悄悄話」。然而，這並非表示她們已經結成「莫逆之交」了。

在少女求學時代，說出這一句話的動機，並非表示彼此的尊重，而是以勾手指，並以如此說爲開端——

「我只對妳說，妳絕對不能告訴別人哦！」

「嗯！我保證絕對不說出去，妳放心好了……」

這種例子可說不少。對她們來說，祕密的共有並非友情的結果，而是友情的原因。

女人何以喜歡說悄悄話呢？著名的女性存在主義作家西蒙·波娃，曾如此的敘述——

「女人的所謂『友情』，其實跟男人所知的諸多關係，在性質上，有著很大的不同……因爲女人被閉於所謂的命運裏面。是故，她們的結合，不外是基於——內部生活的一種『共犯』之心理。」

法國作家安德烈．莫洛亞也說過：「女人的友情帶著一種『共謀』的性質，爲了醞釀『共犯者意識』、『共謀的性質』，說悄悄話無異是絕好的媒體。」

對於朋友尚且如此，那麼，對情侶的情形，更是不言而喻了。心愛的他，一旦對妳百般殷勤時，妳就會萌生一種把「心裏話」對他傾訴的衝動，當妳依偎著他厚實的胸部，娓娓道出自己的經歷、悲悽的往事、目前的煩惱，以及妳的「祕密」時，就可以品嚐到一種自我陶醉感。

如果他憐愛地撫摸妳的頭髮，認眞靜聽妳敘述的話，妳又會有一種「他一定能夠跟我同甘共苦」的感懷。男人如果在這種情形下……

「咦？現在好像已經培養出『那種』氣氛了……」

你不宜產生這種念頭，滿懷高興的想吻她。

「唉！你這個人哪！你不是說要傾聽我的敘述嗎？怎麼又……」

她可能會如此的叫了出來。

男人們在這個節骨眼上，往往會錯誤的判斷狀況——這時，她已經投入自己的故事世界，很討厭驟然的被拉回現實世界。最好的證據莫過於——逢到這種場合，她所說的話會多多少少發生了「美化作用」。她不是把自己塑造成悲劇的主角，就是把過去的那一段歲月，描寫成充滿了詩意的日子……不管如何，她所敘述的事情，不一定完全是虛構的故事。

從這些現象顯示，女人並非天生是個撒謊家，而是富於幻想力罷了。她們還有一種男人學不來的技巧——那就是在說話時，事實與幻想的境界會變成模糊不清。**女人在談及自己的故事時，可媲美說書專家——世上所有的男性應該牢記這一點。**

你千萬記住，當她唱出旋律優美、巧妙的小調時，妳不妨表示出很激賞的樣子，不但要點點頭，甚至可以與她一唱一和，展開一場適切的伴奏。

為何女人喜歡幻想

有一天，馬利歐神父到公園散步，他看見了一副令人心曠神怡的景象。一位披著金色頭髮，有著碧藍大眼睛的美麗少女穿著綴著漂亮蕾絲的衣服，在綠樹底下和一隻可愛的小狗玩耍。

神父不禁讚歎道：「眞像是一幅畫呀！」

於是他走近問道：「小姑娘，妳叫什麼名字？」

「我叫花瓣。」少女回答。

「眞合適的名字。」馬利歐神父眞誠地讚歎道：「妳雙親怎麼會想出這麼可愛的名字呢？」

「是這樣的，」少女笑盈盈地說：「剛好有一片花瓣落在媽媽的肚子上，媽媽說這一定是神的旨意，如果是女孩子就取名花瓣。於是，我就叫花瓣啦！」

眞可愛啊！眞是天使般的少女，今天眞是遇見了一件可喜的事……神父心想著，不禁面露微笑。

當他正要離去時又問道：「哦，小姑娘，這隻狗叫什麼呢？」

「豬腦袋！」少女回答。

神父嚇了一跳，問她爲什麼會取這種名字。

「是這樣的，」少女回答：「這隻狗有事沒事就喜歡和母豬來上一手，所以……」

關於幻想力方面，女性與男性，哪一方比較豐富呢？說實在的，這個問題很難下結論。如果改成——哪一方比較喜歡沈溺於幻想？那麼，答案絕對是女性。

諸如，幻想著自己參加電視台舉辦的唱歌比賽，經錄取後，一躍變成了名歌手，唱片大暢銷……到外埠登台時，突然受到電影導演的賞識，飛上枝頭變成了電影紅星，主演一部又一部賣座的電影……拍攝雜誌的封面……縱然沒有如此的轟轟烈烈，但是她也可能幻想到早晨上學時，在半途中碰到瀟灑的大學生——甚至有一天早晨，還主動的向她打招呼……

「如果他出期不意的提出約會的要求，我該怎麼回答他呢？」

而且，這個大學生又是富翁的兒子，當他突然要求「我想在大學畢業後就跟妳結婚！」的話……我一定會回答他「這件事太突然了！你讓我考慮一下吧！」像這種情況的夢，幾乎所有的女性都曾經有過。爲什麼？因爲女性確實喜歡「空思妄想」呢！

最根本的理由是，女性的直觀比論理優秀，同時又重視內心世界的緣故。從A種的刺激到B場面，甚至C場面的話，男人必定會使它們在論理方面具有連貫性。如此，致使幻想的翅膀不能有力的拍動，當然也不容易抵達夢想的世界。然而，女性卻能夠平心靜氣的展開論理的飛躍，憑著當時的直觀，飄進夢幻的世界。

女人以做白日夢爲一大樂事，男人卻會自我反省「那是多麼無聊的事情」（更正確地說，男人對於做白日夢的自己感到羞澀。）以致不喜此道。女人則會從一個幻想，再度產生新幻想，繼續的在幻想之境不斷地「漂流」下去……

第二個理由，在於女性比男性空閒。一個忙碌而疲勞的人，根本就沒有幻想的餘裕。最近更由於家庭的電氣化，主婦也有了餘暇，以致放縱自己於幻想的原野。

第三個理由，是女性的欲求與實際行動之間的鴻溝比較深。每當男人想喝幾杯時，立刻可以跟幾個同事，同時進入小吃店。女人即使想「今天到百貨公司逛逛」但是，她不得不爲上學的孩子準備一些便當，或者必需把衣服洗好再說。一般說來，鴻溝越深，內心被壓抑的幻想世界越是想取得「洩洪口」。極端的情形，甚至會變成白日夢。

歸納以上各點得知，女性隨時都準備好朝向幻想的世界進軍。是故，只要稍給予刺激，她就會開始發動。

比起男性雜誌來，婦女雜誌的彩色版面一般都比較多。原來，這也有理由呢！譬如以小巧標緻的住宅廣告來說，男人看了以後，只會淡然的說：

「什麼？必需要付兩百萬頭期款，才能購買這種小房子？哼，有那些錢的話，我寧願買大一些的……」

男人說完這句話，就不了了之。女人則不同了。她會如此說：

「噢……好精緻的房子，我一直就想擁有這種房子。」

於是，她的眼前就會浮現買到房子以後的光景。然後，她會計劃如何的配置傢俱。同時自言自語的說，既然房子如此的精巧，餐桌也應該換一換。甚至窗簾也應該改變一下……對了！就統一以淺綠色吧！如此的話，就能夠跟庭院的草皮相得益彰……至於汽車，當然以紅色最爲搶眼，可是那種顏色容易讓人感到厭倦……好吧！換成天藍色吧……就如此這般毫無止境地，任意使自己的想像力浮遊。

甚至不要照片，女人也可以自由自在的「夢想」而自得其樂。

「課長因胃潰瘍住院了！眞可憐，我想明天去看他！」當老公在傍晚回家時說。

就憑這一句話，已經能夠把老婆幻想的火箭，射入太空裏面……

「所謂的胃潰瘍，是不是意味著胃癌呢？不管如何，這種病必須長期的治療……那麼，課長就只好下台了。我老公本來就很受經理的賞識，如此一來，他一定能夠升級到課長的位置……這樣的話，我不就是課長夫人啦！隔壁的太太如果知道了，不知她會有什麼表情呢？嘻嘻嘻……」

啊——廚房裏的菜湯已經溢出來了！她也渾然不知，仍然在自我陶醉。

身爲老公的人，目睹這種情形時不該笑她。因爲身爲你老婆的她，對你當然有一大堆的綺麗美夢。她不指望你，又指望誰呢？相反的，你應該格外的去疼愛她。

女人為何喜歡「東家長、西家短」

三個幾乎同時死亡的人站在天國門前，熱情出迎的聖彼得問道：

「你們爲何而死呢？能不能說給我聽聽？」

「就是因爲那個有名的高……」臉色紅潤的肥胖子男子回答。

「哦！高血壓呀！」聖彼得點點頭：「以你的年齡來說，那是死亡率最高的病，請進來吧！」

接下來是個枯瘦的老人，他回答說自己是肺的毛病而死的。

「結核病嗎？眞可憐，」聖彼得說：「請進。」

聖彼得問第三個：「妳的死因呢？」

她是個漂亮的黑人女子。

「是由於淋……」只說了一個字。

「淋病是不是？」聖彼得嚴肅地說道：「我說小姐啊，沒有人會因淋病而死的！」

「是的，先生，」漂亮的黑美人說。「可是如果你把淋病傳給那窮兇惡極的小流氓看看，他可二話不說就會宰了你呀！」

「小莉自從當總經理的助理之後，打扮愈來愈火辣了！」

「是啊！妳看她今天穿那件毛衣，把球都露出一半了！」

「對了！是不是她已經和總經理搭上了！」

「不知道耶！不過我聽有人看到她上星期六與總經理出入在圓山飯店的咖啡廳哩！」

像這一類辦公室的耳語，有如電波一般，馬上就在整個大樓傳遍開來。

這種閒來無事，道人長短的事，也是家庭主婦最感興趣的。

「林先生家，最近請了一位年輕的男家庭教師……誰想到……林太太竟然對他有意思呢……聽說有人看到他們在廚房喝咖啡，喝咖啡怎麼不大大方方在客廳喝呢！甚至……」

於是，一傳十、十傳百，不久以後，除了家裏的老公們被蒙在鼓裏，這條街的女人們幾乎都知道了。爲何女人如此的喜歡道人長短呢？

第一個理由，可能是女人對他人的生活行動，感到興趣與關心。

「管別人的閒事，未免太無聊了吧？」男性的這種念頭很強。

「本來是可以不管別人的事，可是，人總是會有好奇心的呀！」女人卻是理直氣壯地說。

不過以第二個理由來說，女性受到社會性條件的限制，所以關心的範圍無形中會變得狹窄。至於男性嘛，對於外國茉莉花革命、新型的手機、石油的價格，甚至國外正在流行什麼都能夠表示關心。但是，女性卻只對自己身邊的事情有興趣。她們對於外國的大地震一點也不關心，反而極欲探究隔壁的夫妻在大吵以後，太太跑到什麼地方去啦？

但是，還有一個比上述兩項更大的理由，那也就是，來自欲求不滿的一種願望。最常見的典型，莫過於有關「艷聞祕辛」的流言。

「想不到，那個人看樣子好老實，竟然會……」

「眞叫人噁心，那個女的我看才十七、八歲吧……哼！」

在這種情形下，談論的內容，往往都是交談者在無意識下所欲求的東西。也就是說，她也很想「經驗」一下幸福事兒。不過，這些事情都是指無意識之下而言，在意識的表面，她們都採取「豈有此理」的非難形態。

心理學稱此爲「反動的形成」或者「逆向形成」。也就是說，憑反動形成，滿足自己不能獲得滿足的願望。這就是「帶刺」言詞之來由。

所謂反動形成的證據在於——這一類的流言流語，都是被小聲的傳播著，也就等於「從背後咬一口」的方式。而且，最熱衷於散播這種是非者，以及最激烈地非難流言中的女主角者，往往是上了年紀，還小姑獨處的女性以及婚姻不美滿的婦人之中。

至於所謂的「補償式滿足」者，可由強調她最感興趣的部分窺見一斑。例如，本來男女雙方只是單純性的「握手」。輪到她傳話時，往往會變成「接吻」等等，被加上諸多曖昧的色彩。就好像「他們不可能是單純的友誼」或者「那兩個人有一天一定會分手的」的推測語……便可證明。

當妳獲知別人在道妳的長短時，不妨把度量放大一些。因為謠言會不攻自破，只是時間的遲早問題罷了。凡是道妳長短的人，都是一些對妳抱著劣等意識的人，也是很可憐的人——妳最好有此認知。

最笨的做法，就是對流言流語展開反擊。如此一來，反而會使敵方沾沾自喜，對妳本身的精神方面也有害處。

「你呀！別人一直在說你的流言流語呢！是你公司的人告訴我後，我才知道的！你最好本份一點，否則我會跟你沒完沒了！」

相信有不少頭腦比較簡單的女人，會說出這類的話來，把外傳的謠言再轉告老公，以致夫婦之間產生了裂痕……聰明的妳，千萬別這麼做。

為何女人的虛榮心那麼強烈

史密斯爲自己女兒又漂亮又聰明，而感到十分驕傲。

「我女兒實在很棒，現在每次一開口都是蘇格拉底、亞里斯多德、柏拉圖等人的事蹟。」

「嘿！難道令千金不喜歡美國人嗎？」

在婚宴上，頭一次碰面的兩個女人，是經第三者的介紹而認識。

「何太太！以後請多指教！」

「不敢當，陳小姐妳還好年輕……」

就在打招呼的瞬間，她倆已經彼此「盯著目標」從頭頂打量到足尖，以確定對方的「價值」。像對方的服裝、掛件以及飾物都是估計的對象。如果手指上有鑽戒的話，那就會更爲認眞的「研究」確定一下它是眞品？或者是贗品？到底是幾克拉的……等等。

如果是男性的話，就不會如此了。他們甚至不記得對方領帶的顏色呢！以一瞬間的觀察力來說，女性比男性強得多了……不過，女性在「估計」了對方的「價值」以後，對她的態度以及口氣也會跟著改變，這到底是爲什麼呢？

其實，不管手指上是否戴著鑽戒，或者鑽戒有幾克拉重，跟一個人的人格、內涵的價值完全沒有關係。然而，手上戴著鑽戒的女人，一下子就會顯露出「看扁人」的眼光，手上沒有鑽戒的女人，一雙眼睛也會立刻帶上「不屑的神色」，這又是什麼道理呢？

由這個例子不難知道，虛榮本身即帶有攻擊性，而且又殘酷，心眼兒也好不了到那裡去。「妳看，這個如何?妳喜歡嗎？」

故意拿價錢很高的東西給對方瞧瞧，以便引起對方的不快、羨慕以及嫉妒的念頭，再看看對方的反應而沾沾自喜。這種的虛榮心，也可以說是缺乏人性的心理。而且，女人偏偏把它發揮在跟本來人格無關的方面，因此，更顯示出這種女人的愚痴。

「且慢！你們男人的虛榮心也滿強呀！」

或許，有女人要提出抗議。不錯，男人也有虛榮心。但是，虛榮心的內容跟女人稍有不同。例如——有人央求他說：「拜託，現在只有您能助我一臂之力……」時，他就會挺起胸膛說：「好吧！一切都交給我辦！」

「副總，您做人實在有夠讚！」只要被部下如此讚揚，他就會慷慨萬分地說：「咱們晚上就儘量的喝個痛快吧！」總而言之，這些正是所謂的男人的虛榮心。

男人的虛榮心，多數包含贏得對方好感的要素，很少去毒害對方的心……女性則極少會做損及荷包的事，單憑這一點就跟男人的虛榮心，有著天壤之別。

不過，我們不能因此就說——「女人的性本惡」。比起男性來，女性只不過是「自我顯示慾」比較強烈而已。正因爲如此，她們方才會喜歡別人去注意她。

至於女性如何地意識到周圍的視線，如何喜歡被注目——只要看看廣告的小丑，以及身穿奇裝異服的人就不難不明白。那種人很滑稽的發揮出了「注意獲得慾」，可說是招引衆人注目的典型。在這種場合裏，她所以會感覺到那麼得意，乃是沒有察覺到四周的衆人，對她表示驚訝，反而會誤以爲衆人是在稱讚，以及羨慕她的緣故。

女性喜歡透過別人的眼睛，對自己展開評。正因為如此，有時往往會使自己迷失了。

說得更明白一些，這些都起因於對自己缺乏眞正的自信。

有些症狀嚴重的女人，將以「虛榮」兩字度過一生。例如，到處吹噓自己的容貌、才能，對於「未來」的丈夫，寧可放棄愛情，而以「體面」做爲選擇的標準。結婚後到處吹噓老公的地位。生了孩子以後，不管孩子喜不喜歡，都要他們學這個、學那個……

由此看來，未婚的小姐，必須趁早培育自己的自主性，以及主導性。

為何女人的執拗心那麼重

女人的嫉妒心，有時實在相當可怕！

阿麗有一天在街上遇到昔日的好友兼情敵珊娜，她就諷刺對方說：

「妳一定會後悔沒嫁給麥可的，因爲他已經向我求婚了，我們決定將在下個月結婚。」

「那沒什麼好後悔的，因爲我拒絕他的時候，麥可就說過，由於痛苦，他將會做出個一生中最愚蠢的決定！」

「……」

不管是電視或者廣播，都常開闢有所謂「靈異現象」之類的節目。

到了節目結束時，主播人都會如此的說——

「眞是好可怕的記恨之心……」

通常，所謂的「執拗心」深沈的人，以及記仇心重的人，千篇一律幾乎都是指向女人。

爲何女人會如此呢？

1・女性絕大多數屬於內向，而男性卻是多數屬於外向

一旦對人或事表示憤怒時，男性立刻會表現於外，而女性卻會把它深藏入內心裏面。男性只要能將感情發散，就不會發生事情。因此，男性很少記仇。至於女性的話，感情會不斷的在內心「盤繞」，再化成「怨念」，不斷地拖延下去；女性執拗心深沈的根本原因就在此。

2・執拗心深沈跟女性的執著心也有關連

女性具有收集東西的習性。以家庭主婦來說，她們喜歡收集包裝紙、空紙箱、空瓶子，甚至殘留下來的碎布等。女孩子也會收集過期的招待券，以及陳舊的人造花等等。不過，她們會如此的解釋「並不是準備隨時隨地把

它們派上用場」。同時，也不是一種貪得無厭的心理在作祟。只不過是對東西，有著一種捨不得丟棄之心理，和想好好的整理它們罷了。

不過，女人的這種心理，有時也會針對「某一個人」而發揮，以致一旦對某人抱持恨意，就被這種情感糾纏，在未曾整理之下擱置好多年。

3·是女性的記憶力比較優秀

不過，女人特別卓越者，並非論理方面的記憶，而是印象，以及片斷性的記憶。

如果你在結婚前，給你準妻子看舊情人的照片，且對她說：「她就是以前我最憧憬的典型女性！」時，即使到了二十年以後，孩子已經有了三個，長男差不多要投考大學時，她仍會然不放過你的說——

「剛才跟你打招呼的酒吧老板娘，不是很像你初戀的情人嗎？你對她仍然難於忘懷，對不對？」

關於女人「不放過」你的技巧，除了卓越的片斷性記憶，還應該「歸功」於——能夠把片斷接合，並且擴大地加以解釋的那份能耐。

「我說你這個人啊！生性冷淡，連起碼的愛情都談不上。難怪洗衣機壞了，你還能夠無動於衷。」

「妳別損我了！」

「損你？我問你！三年前的結婚紀念日，你不是要帶我到館子嗎？結果你竟然黃牛了！還喝得醉醺醺地，如果你對我還有愛情的話，怎會把這麼重要的事給忘了呢？」

「妳別胡說！那是因爲剛巧分公司的經理來，課長吩咐我去招待他呀！我不是已經向妳解釋過了嗎？」

「反正，你的理由多得很。那我問你，去年的二月十九日晚上又如何呢？那一晚，我感冒很嚴重，半夜發了高燒。你不但不請醫生來看我，甚至連冰枕也不拿給我。你只說了一句『眞麻煩，家裏有沒有解熱劑呀？』說完，就翻身睡你的大頭覺，難道你忘記了？」

一旦展開了這種舌戰，老婆便成了勝將軍，老公則毫無還擊餘地。是故，對於老婆的執拗心，以及動不動就要胡鬧的脾氣，老公們只有長吁短嘆的份了——不過，仔細的想起來，老婆要找你「算賬」的各種斷片，實在是不無道理。由此可知，老公乃是妻子所不可或缺的。想到此，你不妨對老婆的「胡鬧」置之一笑吧！

女性為何常引起歇斯底里症

年紀已經很大的億萬富翁，娶了一個年輕漂亮的老婆，雖然他很富有，可是卻吝嗇成性，因此夫妻之間感情並不融洽。

有一天他被綁架了，綁匪寫了一封勒索信給他老婆——

「請在明天於××地方支付10萬美元，否則妳將永遠見不到泰勒先生了。」

到了第二天，綁匪到了指定的地方，準備取贖款時，卻沒有看到贖款，只看見了一封信，打開一看，上面寫著——

「只要你能永遠不再讓我見到泰勒先生，我願支付20萬美元——泰勒夫人敬啓。」

「死鬼！你野到什麼地方去啦？這麼晚才回家！你不想活啦？」

眼巴巴地望著老公腳步晃晃盪盪的進入家門，立刻尖叫著，把拖鞋丟到老公頭上。老公一旦在玄關上醉倒了，她就會柳眉倒豎，把老公當成死狗拖到臥室，再以摔角的「招式」，把他摜在床上。如果發現了女人的名片，立刻把老公的臉扭得變形，「說，這個女的是誰！」而老公卻依舊再怎麼也叫不醒了……

有時，她似乎甚是冷靜地等待老公喝得酩酊大醉回家來。

翌早早晨，她就會裝成病懨懨的態度說——

「噢！今天我頭痛得厲害！」

於是，整天躺在床上，不做飯，更不做家事，來個徹底的「總罷工」。

爲什麼女性時常會引起歇斯底里症呢？

所謂的「歇斯底里」，本來是希臘語，它的意思就是「子宮」，也就是表示只有女性會發生歇斯底里症。

第一個原因是，比起男性來說，女性喜怒哀樂的表現更富於戲劇性。第二個原因是，對於微小的刺激，女性就會表現出過敏的反應。第三個原因是，對於反應方面不能及時「剎車」，往往會引起了「短路」的反應，以及莽撞式的行動。

所謂的「短路反應」者，譬如聽到別人說，同事A小姐說妳的壞話時，妳並不去調查眞僞，只一味的表示看錯人，在感到遺憾之外，也毫不認輸的開設一家「廣播電台」，展開報復，造謠生事。

至於所謂的「莽撞式行動」者，就好像小鳥再錯方向，飛進屋裏一般，並不去找尋出口，只一味的到處亂飛，以致撞到門牆。以這兩種方法來說，達成慾望的方法都很幼稚，就像小孩子的行動一般。

所謂的「歇斯底里」者，乃是指慾望被抑壓，因而進入了錯誤的道路，以致不得不在身體找出「宣洩口」的症狀。

例如，一向與厲害的婆婆戰戰兢兢地生活的小媳婦，破天荒被允許回娘家。不過，到了必須再回婆家的日子裏，她突然腹痛了起來，勉強的回到婆家的附近時，兩腳竟然再也走不動了。又有一些大學生，碰到自己不拿手的學科考試時，竟然也上吐下瀉，以致不能參加考試。

因此，佛洛依德說，歇斯底里乃是欲求或者願望移轉到肉體的現象，也就是說，「藉著病痛而逃避」。因爲一旦罹病就不必回到婆家，因爲上吐下瀉就不必參加考試。是故，又稱之爲「在無意識之下，藉著疾病謀利益的機制」。

此種眞性的歇斯底里症，不僅見於女性，也屢次發生於男性身上。事實上，戰區前線的兵士，也有許多人突然感到手腳麻痺，以及耳朵變聾的例子。但是以平時來說，女性佔絕大多數。爲何會如何呢？因爲，女性一向強烈的壓抑自己感情的緣故。

迄至今日，女性的地位已經大幅度的提高。因此，女性的歇斯底里已經比昔驟減了許多。眞性的歇斯底里雖然減少了很多，但是，表現歇斯底里症候的女人——例如，內心感到不愉快時，三天不說話；被男朋友誤解時，三天吃不下飯；夫婦吵架時發出雞貓般叫聲，打擾到左鄰右舍。這種現象一部分歸於本人的性格，另一部分則應該由她的「男人」負責。因爲，那是老公不能在精神或者物質上，甚至在「性」方面，不能滿足她的必然結果。

以現代來說，女人引起的歇斯底里有八成原因，是跟男性有密不可分的關係。縱然說歇斯底里的背後原因是男人，也不致於過分。是故，當你的老婆頻頻發出歇斯底里症時，你最好再三的自省一番。

一般說來，在日常生活中，時時在發作歇斯底里症候的女性，很少具有危險性。倒是拼命壓抑的女人才最危險！

發現老公在外面拈花惹草，以致有如宣傳車一般，鬧得驚天動地的妻子，你只要買一套新裝給她，她就可以停止「暴動」。

至於發現你在外面胡來，只會微微皺一下眉頭的太太，你就有罪受了！到時，恐怕就算是買顆鑽戒給她，也不能平息她的「火山爆發」呢！

女人何以喜歡搶購

哈里斯夫人是一個性冷感的女人，她一向十分熱心購物。

哈里斯認爲——只要她稍微有那麼一點感覺，他就會感到心滿意足，於是，他在臥房的天花板貼了許多張百貨公司的「週年慶」大特價的廣告傳單……

在有特賣會的時候，女人往不管合不合用，就會加入「搶購一族」。

關於這個問題，女人一定會如此的回答——

「因爲，我們不喜歡浪費，我們可是要爲整個家著想喲！」

可是，看在男人的眼裏，總是感到不可思議。

「妳爲什麼購買那麼多的東西？」老公如此的問。

老婆就會如此回答：「因爲他們正在舉行特賣呀！」

女人瘋狂採購的原因，竟然是因爲「便宜」！

至於男人嘛！買與不買的最大分界是，端視那東西目前是否有需要。

某一個新婚老公如此的說——

「我發現廚房裏竟然有四個購物籃子。我就問老婆，買那麼多籃子幹什麼？她的回答竟是『因爲它們一個比一個便宜呀！』於是我就說：『妳只有兩隻手，怎能一下帶回四個籃子呢？』」

或許，這個例子有些極端。不過，每遇百貨公司大減價時，女人總會東挑西揀，一旦碰兩兩千元一件的外衣，降價到八百元時，她就會挑起一件，並且自言自語的說——

「我可能會找到自己都會感到意外的『東西』。」

反正，只要昂貴的價格被打上一個『×』，再用紅字寫上一半以下的價錢的東西，她們就會認為：「不買的話，一定會後悔！」

總而言之，很輕易地就被低價格牽著鼻子走。

特賣場的擁擠叫人嘆為觀止。眼看四周的人在東翻西挑，她就會立刻綳緊神經，把一群人推開，睜大一雙充滿血絲的眼睛，有如饑餓的野獸一般，東看西瞧——一群女人彷彿是進入催眠狀態似的。

「咦？這件是我先找到的呀！」

三、四隻手同時抓上一件毛衣的袖子，爭著先拿的權利。眞正想買的東西反而被挪在後面了，一看到不錯的東西，就展開激烈的爭奪戰，一心想佔為己有。結果耗費了很久的精力，加上來往的一筆交通費（手提太多東西了，只好搭計程車），買回一些不必要，而且品質不佳的東西。想想看，這是「得」？還是「失」呢？

我曾經請教過百貨店銷售部的主任——

「您既然有了這麼久的經驗，當然可以預料有多少的顧客會來臨？您為什麼不把特賣場地擴大一些呢？」

聽了我的話，他微微一笑說——

「爲什麼要擴大場地呢？狹窄一些更好，在狹窄的地方放置很多的東西，如此最能刺激她們……」

聰明的女士們，妳們諒必也看穿他們的「陰謀」吧？

「我們又不是白痴，連這一點也不懂嗎？不過，那種緊張、興奮的時刻，往往會叫人情不自禁呀！」

既然她們那麼回答，令人夫復何言？同時，也不忍心再去干涉她們「尋樂子」了。

這是男人最好保持風度，萬一你開口了，她們只要一句幽怨的口氣說：

「誰叫你這死鬼啊！只賺那麼一點點的錢……」

那……你不但自討沒趣，也只能摸著鼻子走開了。

女人為何喜歡在電話裏扯個沒完沒了

有位中年男子往自己家撥了將近一小時的電話，但電話老是佔線，他只好打電話到電信局，請接線生把電話先切了。但接線生回答他不能那麼做，因爲那可是超乎職責的問題。

中年男子回答：「是這樣子啊！如果現在佔著電話線的是我老婆的話，馬上就要發生凶殺案了！再來你就可以打一一九去報案了。」

萬一那天你在外頭，手機剛好沒電，而你又必須儘快地跟客戶連絡，但是電話亭裏的人都是拖拖又拉拉，講了一大堆，仍然意猶未盡。看得我是心焦如焚，只好踢踢地面，或者不停的用手玩弄十元銅幣，然而，「她」竟然若無睹。

此種「恬不知恥」之輩，亦可以在男人群中找到。但是叫人感到不可思議的是——憑統計字顯示，仍然以女人佔壓倒的多數。尤其是年輕而活潑的女性更多，她們即使在下雨天，也能夠以驚人的速度攔住計程車。不過一旦進入電話亭裏，其拖拖拉拉的德行，會令人急得似熱鍋上的螞蟻。這又是爲什麼呢？

是否認爲投了錢，不多說些話會吃虧呢？或者故意要整整苦等的下一個人？是否她剛才等得太久，有意報復？還是她太遲鈍，根本就沒有察覺有人在等候？

我認爲那些都不是答案。既然如此，原因又在哪兒？

第一個原因，不外是女人的自我中心比較強烈。她們之中有七成都告訴自己「輪到我打電話時，我一定要長話短說。」其餘的三成也沒安著「故意拖拉」的壞心眼兒。不過，一旦抓住了話筒，那種「儘快」的意識，就會變成稀薄，終至消失無蹤了……

第二個原因，女人比較容易進入狀況，也比較重視內心世界。打電話時，她能夠輕而易舉的進入話題的狀況。她們的口吻很富於變化性，好像對方就站在她眼前似的娓娓而談。因此，時常有以下的句子出現——

「噢……人家不要嘛！嘻嘻……那樣未免說不過去呀……」

「說不過去？」那麼，妳讓人苦等在電話亭外面，那樣也未免說不過去了呀！眞想如此的提醒她。

如果對方是她「相好」的，那就更有罪受了。

「可是……那種事兒……嗯……我懂你的感受。人家好高興哦……可是……什麼？不會啦……人家不會誤解你啦……眞的。不過，在電話裏不便說，我告訴你哦……」

我感到火大了。既然「不便」在電話裏說，爲何不掛斷算啦？偏偏用手指玩弄著電話線，拖拖拉拉的沒完沒了。如果再「三八」一點的話，乾脆來個看電影後的心得報告，眞叫人等金星直冒。最後又來一句——

「那麼，三十分鐘後，我們在老地方見面。不能遲到哦！」

哇噻！實在叫人感到莫名其妙，既然等一下要見面了，那麼有關電影的心情小故事，爲何不能留到見面時再說呢？

第三個原因，女性不懂得把話題簡略的要領。有時，她們會熱衷於閒談，以及噓寒問暖，而對於眞正重要的事情，反而會等快掛斷電話時，方才若有所悟的說——

「喔！差一點就忘了，我要告訴你……」

以文章爲例子來說，女人所說的話兒，只有一連串的「，」（逗號）而沒有「。」（句號）。如果女人看到這篇東西，而感到一肚子火的話，不妨以實績展開反擊——打電話時，只要長話短說，妳的魅力也會跟著倍增……

以現代的年輕族群爲調查對象，我們意外地發現一個月賺了兩萬多塊的年輕人，他們的手機費用竟然達到薪水的三分之一左右，眞是太可怕了！

不過你如果在街上，老是看到一個個歪著頭在不停講手機的年輕人，也就不會太驚訝了……注意哦，年輕人，聽說手機的幅射對腦袋可不太好哦！

何以女人的方向感較遲鈍

夜已深了，紐約一個計程車司機從早上出門幹到現在，心想這是最後一趟生意了。到達目的地後，他對坐在後座的婦人說：

「八塊錢。」

沒有回答，他以爲中年婦人重聽，便大聲地說：

「太太，車費八塊錢。」

可是，仍然沒有回答。他往後一看，中年婦人捲起了裙子，張開了大腿，裡面當然是沒穿內褲了。

「怎麼樣？」中年婦人以柔和的聲音說了句：「這該有二十塊錢的價值吧？」

「啊！太太。」司機歎了一口氣說：「今天我已經很累了，難道妳沒有小一點的零錢嗎？」

剛剛去看了一個剛結婚的朋友，在歸途中讓她不禁百感交集。

「眞不賴……好雅緻的客廳。結婚後，但願我也能夠擁有那種房子……」一面如此想著，一面迷迷糊糊的搭上公車，想不到這輛公車竟然開向相反的方向。

「咦？剛才好像沒有經過這個地方呀！眞有點邪門！」

待她察覺到時，已經是二十分鐘以後的事情了——諸如這種經驗，好像女性專用似的。有不少的女人一旦走出了電影院或者百貨店，東西南北分不清楚，一瞬間，感到不知如何自處才好。爲何那麼多女性屬於方向痴呢？

所謂的「方向感」也者，乃是綜合視覺神經、運動中樞、認知作用，以及記憶作用而成立的。這種生理條件，女性並非天生就比男性低劣。而是後天所產生的差別。

人類自從有史以來，就固守著男主外、女主內的生活模式，以致在方向感覺方面產生了差距。

對於這個問題，有一些人解釋爲——那是因爲女人的依賴心比較強，時常想依賴別人，自己不想去記憶所致。

另外又有人說，男人時常一家接一家的換地方喝酒，雖然已經顯出醉醺醺的樣子，但是他還是有辦法回到家。久而久之，它就成了習慣，使男人的歸巢本能發達，方向感覺也變成敏銳。基於這種說法來下結論的話，那麼，男人有一點類似通信鴿，或者居住於叢林的動物，而女性卻是屬於高尚的理想主義者。

話雖如此，時時搞錯方向，對社會生活來說，乃是一件很不利的事情。如果你想問路的話，最好避免問女人。因爲，她們往往會亂指一通，不太確定的說：「好像從那邊走」，或者就叫你「一直走下去」，表現多屬於混淆不清。

不過話說回來，只要有心，女性也能夠培養出敏銳的方向感。心理學方面所謂的方向感，乃是指認知構造的分化，以及其再構成。也就是說，由這兩者綜合的程度來決定。女性很擅長於分化。因此只要到一個地區，就能夠記牢，這條巷子的最後第幾間，有一家賣珍珠奶茶的冷飲店。不過，對於綜合作用方面卻略遜男人一籌。

是故，當妳坐計程車到妳第一次要光臨的地方時，不要去強記在某地右轉，到哪兒又須要左彎。不妨以車子拐彎的地點為始，大約地記住車子往哪一方向前進，一面在內心描繪地圖——只要累積這種訓練，妳就可以養成敏銳的方向感。不過，不宜在過度熟練之後，在約會時對他說——

「走這條路，可以節省二十元車資。」

如此一來，他會認為妳奪了男人的主導權，內心會感到不高興。

女人為何喜歡算命

小可考上了北部某個大學，必須離家住校舍，臨走前，她將心愛的盆栽與一條金魚，交代給剛上國中的弟弟要他好好照顧，弟弟答應了。

一個月之後，她打電話回來，弟弟卻告訴她說：

「姊，很抱歉，妳的盆栽死了！」

「因爲爸爸有一天失手把它踢破了，爸爸的腳也受傷了，到現在還要上醫院換藥呢！」

小可聽了，也只好息事寧人，可是到了第二個月，她又打電話回家問候那條金魚時，又傳來不幸的消息。

「姊，那條金魚也死了……」弟弟停了一下，又說：「那是因爲媽媽有一天在打掃時，將牠弄死了……」

小可聽了之後——沈默了好一會兒，才輕輕地問：「那……媽媽現在如何了呢？」

男人們看的雜誌一般較少有算命占卜之類的篇章，但是在女性雜誌必定有這方面的專欄。同時，台北行天宮的地下街，就是一條算命街，除了外國遊客喜歡之外，約有七成是女性。

由此不難推測，女性一般都很喜歡算命這玩意，爲何仍舊有人對非科學的算命術感到興趣呢？

不過話說回來。現在的年輕女性，很少有百分之百相信這些的。閱讀了婦女雜誌的〈今月之運勢〉，也不見得會完全相信它，據此設計自己的生活方式。只不過會對那些篇幅瀏覽一番。據她們說，那些「運勢」叫她們感到「十分有趣」罷了。她們會翻一翻，閱讀以後又會發出一聲「眞有這一回事嗎？」她們甚至把這些東西當成一種「消遣」。

可是，分析她們所謂「有趣」的心理以後，即可發現它仍然存在——包含著小小的不安與期待。這種期待感，在戀愛、結婚、轉換職業時，更能夠發揮強力的作用。

是故，女性之類的雜誌，刊載有很多這方面的預測。

只要仔細的想想，就不難知道，那些刊載的「運勢」不能做爲憑藉。例如A雜誌說：「這週妳只要積極的向他表示，一定會成功。不過不能操之過急，必須毫無痕跡之下進行。」；B雜誌卻刊載「這一週萬事不宜過度。以約會來說，妳要讓對方主動邀約，在街上約會時要小心扒手。」；C雜誌刊載的預測，又是完全不同的一回事。

只要細心把各種雜誌或大師專欄比較一下，就可以知道，那是胡謅之語，不足爲憑。因爲一週結束了，壞事也沒發生、好事也沒到來……

女性在閱讀幾種的預測以後，只會挑選對自己有關連的部分，再抱持著一種淡淡的希望。她們對於街頭的算命師也抱著這種心理。

有道是「占卜有時準，有時不準」，事實上占卜這檔子事，吉凶總是各半。而女性卻喜歡說：「那個人算得好準。」那是因爲她們不聽「不準」的部分，只聽「準」的部分之故。

所以，算命的先生或女士就會抓住這一點，一開始就會說：「最近，妳有很多事情進行得都很不順利……」再看到妳氣色很之後，又接著說：「妳的身體也出了一點問題……」聽到這一句話的人，就會心頭一震，「哇！他說得好準！」

經過這個步驟以後，被算命的人就好像中了催眠術一般，一面點頭一面聽著算命師順水推舟的「預言」。萬一，有人答以「沒有啊，我最近身體不錯！」的話，算命師就會馬上見風轉舵說：「我指的不是生理問題，而是你精神方面，有件十分困擾的事……」

總之，女性之所以喜歡算命，乃是容易被暗示所致。第二是抗拒不了權威，愛好神祕性。正因爲如此，算命師喜歡說出歷史上的豪傑、現在的偉大人物，以及聲名遠播的學者。或者留起小鬍子，使用種種的小道具。這正是社會心理學者所謂的「威力效果」。

但是，最根本的原因，還是在——女性對將來的不安感遠超過男人。在人生方面，女性缺乏一種決斷力。是故，遇到重大的抉擇時，她雖然會徹底的思考一番。但是，到了最後，她還是會把自己的命運交給上天安排，或者接受他人的意見。

於是，她會去依靠一個人，借重他的力量。

正因爲如此，算命師屢次擔任「先知」的角色，扮演一種爲解除煩惱，以及「指引明路」的角色。最好的證據是：這一類職業的人，到後來，一定會扮演幫助人的角色，或者予人安慰，以便使人抱持著希望。

不過，也有一些邪惡的「魔鬼代言人」，看到了女色就會淫心大動，藉此爲了幫她「改運」，將之騙到床上去，還要高昂的收費。當然這對有判斷力的人，是行不通的！

女性喜歡搬出「眞令人感到有趣！」爲理由。不過，妳最好自我反省一下，妳的意識下是否有逃避的傾向。同時，我也勸妳確立起眞正的自主性。

女人何以嘴饞

欣怡是大學中的校園美女。因此，不乏有許多的追求者，有一天，她在信箱內發現一個愛慕的「伊媚兒」，信的最後是這樣寫的——

「……我很用心的交出這份考卷，希望能聽到您錄取的通知！」

欣怡發覺有趣，就和對方開了個玩笑，她回信說——

「很抱歉，名額已滿，無法再行錄用！」

想不到，第二天她竟然發現這個男孩並不死心，又寄了一封短函，上面寫著——

「下學期招生時，請考慮優先錄用！」

在什麼時候，女人會顯露出天眞無邪又浪漫的表情呢？

答案是——當她們在吃美味的食物那一段時間。可是，並不一定是正餐。吃點心零嘴時也一樣。對於巧克力、蛋糕、薯條以各種滷味，都會時不時的感到興趣。

「人家才不吃那些東西呢！」

如此說的女人，並非表示她不具有吃的趣味，而是怕發胖而克制的緣故。爲何女人喜歡運動嘴巴呢？如果是因肚子餓，那就沒有話說。事實上，就算肚子不餓，有空閒的話，總是想吃一片餅乾之類。兩個人在一起的話，更想吃甜點。這到是爲什麼呢？

嬰兒有好幾種獨特的反射運動。其中有一種叫「吸啜反射」。只要把東西觸及他的嘴，他都想把它們吃進嘴裏。所謂的「嘴饞」可能就是其遺跡吧？……如果眞是這樣的話，那麼，女人一定帶著多多少少的嬰孩性，或者幼兒性。

其實，這只是開玩笑而已。我們可以說，這是女人與生俱來的天性使然。因爲做一個女人，早晚都要在自己的肚裏養育胎兒，當然就得不斷的從嘴巴吸收食物，以便養育胎兒。

其實，心理方面的原因，遠比生理方面的原因來得大。

第一、一般而言，烹飪是女性的任務。是故，她們對食物色香味方面的感覺與關心，遠比男性敏銳。男人只會抽象地說：「嗯！這個好吃，再來一盤吧！」充其量，只會吃而已。

至於女性呢？她們很喜歡講求盤子上面的造形藝術，並且以此爲樂。不相信的話，你就仔細看男人跟女人切生日蛋糕的方法，女人的表情及手法硬是跟男人不同。

第二、這一點似乎也對男人比較有利，由於女性的壓抑感一向很強烈。男何以喝酒、打麻將，甚至拈花惹草……可以藉此獲得解放感，女性則沒有如此的造化。

心理一旦感到不是滋味，只好把吃東西當成一種解放感。只要跟一兩個同性好友到餐廳吃一些東西，祭祭五臟廟，擺擺龍門陣，她就可以暫時的忘掉煩惱，感覺到格外的輕鬆。同時，吃東西也可以培養出一種社交氣氛。

仔細想想，能夠快樂的享受美食，使精神方面感到陶陶然的，在所有的動物中，唯有人類才能夠做到。可見，這是一種高尙的趣味，何羞愧之有？男性也不應該取笑她們。

西洋文化的始祖——古代希臘人樹立了所謂「饗宴」的形式——一面吃東西，一面談論藝術、哲學。哲學家柏拉圖的著作裏，就描寫過這種情景。

各位小姐們！妳們不必客氣，儘量的吃吧！同時，不妨喋喋不休地談下去，一直到下巴感到「累」爲止。不過，話題不宜老是繞著不在場的人身上打轉，否則的話，就喪失了「饗宴」的意義了。

何以多數女人喜歡自我陶醉

有位勇敢的年輕人，救起一位溺水的少女。

少女醒來之後十分感謝地說：「我眞不知該怎麼說……你眞勇敢，

肯冒那麼大的危險來救我……」

「哪有什麼危險！」年輕人回答說：「反正我早就結過婚了。」

女性雖然比男性細心而機靈，但是，喜歡自我陶醉的女人卻也意外的多。女人一向喜歡吹噓自己的孩子的種種。即使旁人已面面相覷了，等於在說：「她又來了……」但是本人似乎一點也不在，仍舊口沫橫飛。

有一個女人對著剛踏入家門的老公說：「妳說絕不絕呢？今天達美樂竟然送來兩份披薩，我分明沒有叫呀！經我如此一說，那位送貨的人張大了嘴，那種德行啊……說有多好笑，就有多好笑！哈哈哈……」對於已經離家一整天的老公，妳急於跟他說話的心理，我能夠了解。

可是，妳老公一點也不感到有趣。如果他能夠即刻的迎合妳，並幫妳的腔說：「可不是嗎？那太好笑了！」諸如此類的老公，一定能當優秀的相聲演員。

未婚女性也一樣，有一次我搭車時，碰到一對似乎是剛下班而準備回家的男女。那個女人咻咻地說——

「……我眞的再也忍不住了！於是，便不客氣地大聲數落他一頓，你認爲我做的對嗎？」

聲音之大，叫人側目。那個男子似乎顧慮到四周人們的反應，很小聲地說：「是啊！那個人本來就太囂張了，難怪妳會生氣！」

這種例子，不勝枚舉。女性不顧全大局的態度，實在叫人感到驚訝。有時，她們甚至會採取衝動的舉止，這到底是爲什麼呢？

究其因，在於女性的自我中心太強烈了一些。不過，我並不是說女性是利己主義者。甚至剛剛相反。所謂的利己主義者，乃是指──只要自己方便，管他人如何。自我中心者，乃是指「自己跟他人的境界模糊不清」。以致認爲「自己喜歡這樣，他人可能也喜歡這樣。」因此，在言行作爲方面，往往會超過常人的範圍。

孩子們多數具有這種想法。在玩捉迷藏時，他們往往把頭部隱藏起來，屁股卻露在外頭，認爲他看不到「鬼」，鬼也就看不到他。這就是自我中心的典型心理。

女性就是最容易犯這種的錯誤。

「小莉、美美！我請妳們吃飯，下午六點鐘，我們在老地方碰面吧！」

很多女孩喜歡擅自做主張，根本就沒有考慮到對方是否方便？

「今晚，我家死鬼不回來啦！我倆可以好好聊一聊啦！」一位太太拿著一大包點心去拜訪她的鄰居。她的態度很親切，也毫無惡意。只可惜，忘了替對方的立場著想，說不定她的芳鄰有不便之處呢！

「我下午去百貨公司逛了一會兒。因爲這東西很便宜，我順便爲妳買了一件，妳喜歡嗎？」

最糟糕的是：她忘了在座的幾位芳鄰中，有一位腿部有點兒毛病，而大嚷嚷著說：「唉，這種刺繡啊……花紋不成對，像個瘸了一隻腳似的！說多難看就有多難看！」這種冒失的態度應該多多反省。女性們應該學會，多站在對方的立場想想，再以客觀的方式表現感情。

某天有一位女作家來寒舍訪問我。她是開車來的。方才進入客廳，就對我說：「很抱歉，電話可否借用一下？」——原來是她的車子故障，所以打電話到修車廠要求拖吊。很可能是對方問她車子在何處，我聽到她提高聲調說：「我的車子是在荒郊野外，偏避得很，這裡很不好找哦！」

天哪！她竟然在抱怨我住在荒郊野外——憑這種粗野的感覺，虧她還能當一名女作家呢！我不禁爲她感到非常的遺憾。

女人何以喜歡使男性著急，而沾沾自喜

約翰和花花公主瑪莉交往二年多了，儘管兩人不是如膠似漆，也一路走了過來，最近他一直想結婚，可是暗示了好幾次，瑪莉總是裝作不知，於是他就到了一個辦法，有一天他壓低了嗓門打電話給瑪莉——

「瑪莉啊，我最近繼承了一筆遺產，有一棟房子、兩部汽車以及二千多萬現金股票，妳願不願意和我結婚呀！」

「當然願意呀！可是你是哪一位？是彼得、還是傑克……」

戀愛時，女人最喜歡玩弄男性了。

「小龍，今年秋天，我們去奧萬大賞楓好嗎？」

「主意很不錯……我會考慮的。」

在公園散步，男人想趁機擁抱她。

「啊！你別這樣，別人會看到啊……」

兩人的關係已親密似熱戀的情侶，想跟她越過最後一道防線時，她又會驚慌失措地拒絕。

「求求你……這一件事情，就等到結婚再來吧！」

總而言之，她會很巧妙的推掉一切的事情。

郊遊時，她站在岩石上面微笑，看在男子的眼裏，意謂著要他靠近她。於是，男人雀躍地飛奔到她的身邊。不料，她卻縱身一躍，跳到另外的一塊岩石上面。

「難道她很討厭我嗎？」

看起來並非如此。因爲她又浮現了笑容——就如此這般，不斷的重複。女性爲何喜歡使男人焦急，而沾沾自喜呢？

有一些人說，女性這麼做可以感到快樂。讓男人感到急躁、心猿意馬、手足無措時，她的心理就會感到一種虐待似的快樂，可見，女人內心隱藏著一種「魔性」。

難怪有人說：「女人的身上有一部分像天使，有一部分又像惡魔，實在令人莫測高深。」

所謂的的「魔性之女」，聽說是日本人發明的，日本的男人對弄不到手的漂亮美眉，就因爲對方很滑溜，讓人抓不住，索性就送她一個「魔女」的封號。

如果，只一味的把女性想成是這般惡劣的話，這未免有失公道。女人生來就具有強烈的自我防衛本能，而且羞恥心又強烈。所以，每一件事都會變成也讓男人感到著急的舉止。這種解釋似乎比較妥切一些。

如此說來，公平裁定的標準，又必須放置於哪兒呢？

戀愛類似蹺蹺板遊戲。只要一邊熱騰起來，另外一邊就會冷下去。

換句話說，所謂的「戀愛力學」一直支配著男女的心理。能夠直覺地看透這個原理的，竟然是女性，男性反而懵懂不知。

或許，男性的頭腦也理解到這一點。但是一朝浸淫於戀愛以後，他反而不會應用這種心理。他們就小孩子一般，只想立刻得手。

而且，我們的社會有一種習慣，那就是——求愛這一件事，本應該由男人進行。是故，當女人贏得男人之愛時，她們便能夠以被動的方式，刺激男人和引誘男人。爲此，才使得愛的技巧難免複雜化及高度化——這也是不爭的事實。

「在純純的戀愛方面，要手段未免太卑鄙了！」

如果你如此憤慨的話，那你就太不懂女性了，就沒有充份的資格愛女性了。因爲她們是很認在戀愛呢！

詩人拜倫就曾經說過——

「男人的戀愛，只是他人生的一部分。女人的戀愛，卻是她生命的全部。」

女人何以會愛上裝模作樣的男子

在慈善晚會的派對裏，莉娜瞧見老金跟年輕的小妞嬉鬧在一起，便問老金的老婆——

「我說愛瑪呀！妳老公跟年輕小妞窮泡，會不會泡出毛病來？」

「安啦！」老婆很寬大的說：「我不能阻止那死鬼天眞的遊戲呀！那種情形，彷彿狗兒在追汽車一樣，就算被他追到了，他也只能吠幾聲罷了！」

在公司裏時常可看到這種現象——那就是在男性的眼裏，喜歡裝模作樣，一無是處的傢伙，卻是意外的很有女人緣。就像那些說話肉麻兮兮的戲子，堂堂男子漢，卻時常擺出曖昧的笑容。或在西裝胸前插著香手帕，戴一副瀟脫的寬邊眼鏡，手指上戴著戒指，叼起與衆不同的煙斗，裝模作樣地拿在手中——這一類的傢伙最能獲得女性的垂青。

相反的，獲得女性好評，被稱讚爲「他婚後一定會疼老婆」的男士，反而不受到女性的歡迎。爲什麼會有這種現象呢？

「那是因爲女人缺乏看穿男人的一對慧眼！」

其實，女性之所以喜歡這種男人，自有她的「理由」。

各位男士，你們不要再以酸溜溜的口氣說話，不妨仔細的觀察那些「花花公子」吧。

第一、至少在表面上，他們表現出「很愛女人」的樣子。他們不但對女人親切，而且，從來不跟她們唱反調。尤其不說傷女人感情的話。

比起他們來，你又如何呢？你是否會無意中說出「女孩子別逞強……」或者「前面那部車子，一定是一個笨女人在開的……」的句子？或甚至惡意的把女人批評一番。就是這樣女人才不會喜歡你。

第二、他擅長於培養跟女人之間的「親和感」。只要是他碰到過一次的女人，下一次再碰到她時，他一定會很有禮貌的跟她打招呼，再對她露出友善的笑容……他能夠一眼就看穿對方的興趣，以及她所關心的事情，再透過這些因素，培養出與她親密的感情。同時，他也擅於讚美對方，使對方感到飄飄然。

「妳高雅的氣質，實在不適合來這種擁擠的酒店。最近有一家大飯店，在二十二樓設置雅緻的酒廊很有格調，保證妳能夠在那兒渡過一段夢幻似的時間。我就帶妳去吧！時間就訂在星期六下午。好吧！就這樣決定。」

你以爲這些「口白」說得如何？或許你會感到羞澀而說不出口吧？

「如果，妳方便的話……我想……帶妳去看場電影——時間在星期六下午六點鐘。地點在西門町的……」

你說這些話時，很可能會緊張萬分，而採取那種好像在投遞決戰書一般的態度，或像是在做些什麼見不得人的事一般……

既然是這樣，她們怎會喜歡你呢？

因爲你的緊張會相當敏感的反映到對方身上，使對方也緊張起來。

就算你已經很順利的跟她發展到約會的地步——但是，你卻不擅於製造「氣氛」，以致常會乘興而來，失望而回。

關於這一點，那些花花公子可就不同了。正因爲有了上述的差異，那些裝模作樣的花花公子，在談戀方面，永遠領先你一大段距離。你並不一定要學花花公子的舉止，不過，至少要溫和而體貼的接近女性。

為何女人抵擋不了氣氛

教會的看板如此寫著——

「神的世界充滿美好的氣氛，想到天國的人，請進來！」

應召女郎貝姬，用口紅在看板下方寫上——

「想到天國的人，更快的方式是，打電話到三七五六——二四三八向貝姬預約！」

關於「氣氛」這一點，有些男子解釋爲——「那是由於她們的腦筋不靈光的緣故！」

事實上，這與腦筋是否靈光，完全沒有關係。不管智商如何的高超，一般女人仍然抗拒不了氣氛。這到底是爲什麼呢？

第一、女性的心理構造比男性精緻。她們對外來刺激——言語、表情、舉止、聲音、色彩等——的感受性很強烈。是故，能夠很細緻的接受刺激，再微妙地，以種種的曲折及陰影去反應。以內心的感受來說，女性比男性豐富而深刻，振幅也比較纖細。

如果說，把石子投入池塘，「撲通」地發出聲響的是男性的話，那麼，那些朝外擴張的漣漪，以及抵達岸邊的小波紋，也就是女人心了。

第二、女性的判斷並非基於論理，而是基於感覺式的情緒。她們不以道理解釋一件事，具有一種以感覺接受的傾向。換言之，她們不以實體捕捉事物，而喜歡憑印象解釋事物。

關於這一件事情，奧地利的心理學者修華爾茲如此說——

「男人是以頭腦爲點旋轉的圓。女人則不同。她們除了頭腦以外，還以子宮爲中心點。換句話說，她們是橢圓的。」

第三、上述的幾項，由生理方面也能夠獲得某種程度的證明。例如——男人憑女人裸照、女脫衣舞孃、開黃腔；嚴重的人，甚至只要跟大胸部的女人擦身而過，就能夠獲得性方面的刺激。然而，沒有性經驗的女人，只憑那一些並不會感到興奮。女性到底是被動的一方。但是，上天好像要彌補她們似的，使女性擁有多元的感覺。就以性感帶的分佈來說，男人呈集中式，但是女性卻是分散於性器以外的身體各部。換言之，很多的部分都能夠體會到性快感。

例如——眼睛所看到者，耳朵所聽到者，以及皮膚所接觸到者，一旦溶合在一塊兒，就會蘊育成渾然忘我的氣氛，使她感到陶陶然。

第四、女性之所以抗拒不了氣氛，最根本的原因在於心理方面。女性一旦跟男人談戀愛，她就會使自己的戀愛盡善盡美。

換句話說，她希望自己有如電影或者小說裏的女主角一般。正因爲如此，對於演奏優美旋律的夜總會、豪華飯店的大堂、鋪著紅毯的戲院包廂、一流的樂隊演奏的酒店、海濱以及高原的野火會……等等的舞台裝置，以及大自然的背景，都能夠使女性「無酒自醉」。

時下，開車兜風也成了煽情的工具。像深夜疾馳的汽車，加上汽車音響播出來，足夠刺激官能的旋律……快速度、刺激、再加上汽車「密室」的三重刺激，往往會使女性「迷失」了自己。在國外就有很多女孩子，「第一次」就是在汽車內完成的……

如果妳在這些多重的誘因之下，無酒而醉，認爲——

「噢……只要跟他在一起的話，變成怎樣都可以……」

那妳就不能稱之爲「現代聰明的女性」了。

有一件事情，妳必須特別牢記，那就是所有玩弄女人的唐璜型的男人，都是擅長製造煽情氣氛的高手。

一旦進入熱戀階段，女人就會想聽聽愛的呢喃，憑此確定對方對她的愛。這時，唐璜們都會竭盡所能發揮言語的妙技。像「我愛妳」的話已經太陳腐了，他們更懂得廣泛多重的表現。例如，「想不到我會那麼喜歡妳……」握著妳的手，「看到妳我就無力抵抗了……」將頭靠在妳肩膀，「妳眞是我生命中的奇蹟……」輕輕地咬著妳的髮絲或耳垂等等，這類人平時就準備了一些震憾女性心弦的話兒與肢體動作。如果是在女性耳邊呢喃這些詞兒的話，效果將比電視的商品廣告更好。

「我倆就結婚吧！」這一句最能震憾女人心的詞兒，時常被花花公子當成「殺手鐧」來使用。我並非叫女性不要相信這句決定性的發言，而是想告訴妳們，憑這句話就想對方結婚，那未免又太輕率了！

不過，一旦遇上了成精的老狐狸時，他就會想盡辦法避開「結婚」這一句自綁手腳的詞兒。他會避免說出這個詞兒，而使妳憑氣氛想像到這兩個字（這是一種十分曖昧的高竿手法）。當他帶妳去爬山時，他很可能會對妳這麼說：「那棟紅屋頂的房子眞漂亮，以後好想買一棟那種房子，妳認爲呢！」帶妳到百貨公司時，他可能又會輕聲細語的問妳：「哇！那些床好棒，妳喜歡哪種顏色呢？」

為何女人會對喜愛的男子，裝出討厭的樣子

——小姐們！妳們可要特別的小心呀！

怕太太的先生下班時，準備先去喝一杯再回家，走到酒店又禁不起老闆娘的殷勤勸酒，本來只打算喝一、兩杯的，到後來走出酒店門口時，卻已醉得差不多了。當他走過動物園門口，本打算先進去進休息一下，等酒醒再回家，所以就從側門的小缺口鑽進去，誰知迷迷糊糊地就鑽進獅子籠，把頭埋進獅子嘴裡就睡著了。

隔天一早，他太太出門找尋他的下落，最後終於在動物園裡的獅子籠，看到還在沈睡的丈夫。太太不禁握緊拳頭在籠子外大叫——

「你這個膽小鬼，快給我滾出來。」

「哇！你眞是好人，好令人喜歡哦！」

大凡女性很隨便的說出這句話時，其實她根本就沒有在愛他。反而包含

著隨便和多少的輕視意味——縱然不到這種地步，也含有小看的意思。純眞的女人，對於自己心儀的男子，她連一句「我喜歡你！」也說不出來。不但如此，反而會避開他，採取一種「似乎」是討厭他的態度。爲何會如此呢？

如果把它解釋成——那是女性特有的技巧，那就錯了。如果是戀愛豐富的女人，她們可能會故意裝成冷淡的樣子，以引起男人的好奇心。

可是，對於清純的女性來說，那並非「技巧」，而是「羞恥」。

舉一個例子來說，林先生跟張小姐透過某團體認識。在張小姐對林先生沒有特別感情時，兩個人有說有笑的，交往起來極其自在。想不到在一次的約會時，張小姐發現她對林先生的感情，已經超過了單純的友情。

「啊！我終於愛上一個男人了！」

這種感動會貫穿她的全身。不過，她並不知道林先生是否也愛著她。這時，張小姐會產生一種「被林先生愛」的衝動。然而，他越是純眞，她的衝動越會產生反作用。於是，她會產生「這種心思絕對不能讓他發覺，否則的話，我會羞死的……」的想法。

張小姐跟其他的人仍然談笑自若，可是，對林先生卻開始表現出了生疏與若即若離的樣子，再也沒有以前的大方了。

從內心愛一個男人——對張小姐來說，這是一種的異常體驗。雖然在電影、小說中看過，但是對她自己來說，這是第一遭。這種強烈的震憾，使她又驚又慌。所謂的羞恥者，既是針對林先生，也是針對她自己。

所以，只要有人開她玩笑說——

「妳很可能是愛上林先生……」時，她就會慌張起來。當她獨處時，又會萌生不能與外人道的幻想，使她羞紅了臉兒。

女人心，本來就是纖細而優美。

「少蓋！女人哪！臉皮厚得很呢！」有些男人如此的說。

話雖不錯，但是……這也應該歸罪於社會的惡化。因爲有些壞蛋毀了清純少女的形象，或者標榜什麼「壞女人的魅力」，就如此使女人變質了。既然社會改變，女人心不可能今昔一成不變。各位男士，你們就好好的思量這個問題吧！別做一個遲鈍而毫無反應的男人。

女人何以抗拒不了厚臉皮的男人

小茜對向她求婚的阿福說——

「我不能和你結婚。但如果你是眞的愛我的話，我們還是可以繼續交往，我可以當你的妹妹。」

「沒問題！但妳得先告訴我，咱們父親死的時候，究竟會留下多少遺產給我們『兄妹』？」

有人說戀愛成功的祕訣，在於「臉皮厚」。各人都有自以爲是的戀愛技巧，但是最根本的技巧，也就是旺盛的獵取精神。反正，第一次要厚臉皮，第二次也要厚臉皮，第三次仍然要厚臉皮——只要厚著「臉皮」進攻，女性就會被「攻下了」。

有一位女性心理學者曾說：「女性與生俱來有被虐的傾向。」不過，我感到這種說法有些偏頗。通常，女性都喜歡衝著她心儀的男子說：「我討厭你！我討厭你！」其實，她的內心卻是喜歡對方。

事實上，女性並沒有那麼嚴重的「變態」。

一般論調是——女人還是喜歡「溫柔的愛我——輕輕地抱我……」

在一般的情形之下，戀愛有如蹺蹺板遊戲。男方熱騰起來時，女方就會逃避；男方冷淡，女方又會熱騰起來。這種情形，很像拍岸的波紋，以及與波紋遊戲的少女。不過，一旦有巨浪似的男人出現，女人心的動向，就會跟原則完全不同了。

剛開始時，她對於無視那種原則的男人，將感到一肚子火。

「他這人的臉皮好厚，眞令人討厭！」

不過，只要更有耐心，厚著臉皮地對她求愛，她就如此的想著——

「這個人，眞是不可理喻的傢伙，他的那種熱情，實在叫人吃不消！」

「沒有你的話……」對方如此一懇求，立刻就會刺激到她的「自憐」（自己愛自己）心理。當對方說出「妳是我最愛的人」她卻又要抑制自己的舉止，這卻能滿足她「被虐」的心理。女性所以抗拒不了厚臉皮的男子，乃是喜歡被愛的心理，遠超過愛人的心理所致。

塞萬提斯曾說——

「把你自己的愛心表現出來。對女人來說，對於愛她的男人，雖然會裝模作樣的說：『我討厭你，我討厭你……』但在內心，她一點兒也不討厭。」

聖・西爾也如此說——

「對於女人採取斷然行動的男子（他的愛人），所以會被稱爲可惡的男人，只限於他沒有遂行自己的行動，在中途放棄的場合。」

怎麼？你已經湧出了勇氣，對不對？可是，我還是要提醒你一切勿展開莽撞式的進攻。唐吉訶德畢竟是唐吉訶德。莽撞只會招來他人的嘲笑而已——到頭來只有失敗一途。

事實上，只有那種「怒濤」般壓倒性的男子，才能夠憑這種手法獲得戰果。以電影來說，只有《亂世佳人》裡的白瑞德一般的男人，才能夠憑這種手法獲得佳績，擄獲了郝思嘉。

所以說，戀愛視同作戰——「對兵法一知半解，將帶來大災害。」

為何女人討厭個子矮的男人

個性輕佻的凱莉，對前來求婚的矮個子男人阿德說：

「對不起，令你失望了。但我昨晚已答應了阿迪的求婚了。」

阿德卻毫不氣餒地說：

「那麼，下個禮拜如何？」

對於結婚方面，最近的女性都會開出很苛刻的條件，例如——對象必須畢業於一流的大學，必需在一流的公司上班。有些女人甚至很在乎——那一家公司是否有發展性？以及他每一個月的收入有多少？

有些女人甚至表示，不願意嫁給責任重大的長男。最近又流行所謂的「必須有一棟房子、汽車、且婚後不會與公婆同住者。」

不久以前，在一個年輕女職員的座談會，其中就有一個女孩如此說——

「在結婚的前幾年，我不奢望他有什麼東西。但是在結婚以後，就是二手車也好，也必須有一部車可用，再過二、三年以後，必須擁有自己的房子才行！」

以此看來，未婚女性的要求有嫌多的傾向。不過，當她們過了三十歲，大部份的條件就會降低下來。只有一點，不管她們年華如何的老大不堪，仍不會降低的是男人的身高。只要瀏覽一下婚姻介紹所的申請卡片，就不難知道，女性即使到了三十以上，其他條件逐漸寬鬆打折了，但卡片裏有一項卻不會改變——身高必須在一七〇以上。

我曾經針對這一點，請教年輕女子座談會的會員，她們的回答如下：

「男人本來就是該高一點呀！他們的身高，必須等於我的身高再加上高跟鞋的高度。如能再比這個又高一點，那就更好了。」

女人爲何討厭矮個子的男人呢？

最大的原因是，並肩走路時不雅觀。這種結論，不外來自女人的虛榮心。而且，女性認爲光是她一個人喜歡是不行的，如果她周遭的人不認爲很相配的，她就會耿耿於懷。

除了這些原因以外，老公或者男朋友比她矮的話，她就會認爲「別人可能會取笑」，或者認爲「別人會誤解她在掌握大權」。

第二、女性都希望有一個能夠依靠的老公，如果男人的個子比她矮的話，她就會產生一種不能依靠的感覺。

女人的這種感覺，依著年齡層次而有所不同。不到二十歲的女孩子，就是在想像電影裡的調情場面時，一旦看到男的比女的矮小，就會認爲「男人比女人矮，令人倒盡胃口。」或「三十歲以前的女人，跟矮上自己一截的老公出席派對，不知會有什麼滋味？又如何能夠把面孔埋進他的胸膛呢？」至於三十以後的女人，看到比她矮的男子，她就會想像到「婚後如果生了矮小的子女，應該如何是好？」

其實女人的這種想法背後，還是有所謂的外表在作怪。

最近有所謂「帥哥」及「花花公子」之類的詞兒在流行。

這也就是女人不喜歡矮男子的根本原因。

不久以前，我爲一個很可愛的女孩牽紅線，對方是個相當不錯的年輕人，誰知她並沒有要接受對方的意思。

「那麼好的年輕人，難道你還不滿意？」我如此問她。

「我知道他是很出衆的年輕人……不過，他走路的樣子有點老氣橫秋。

他的腿是不是短了一些？」

我實在想不通，「出衆」的年輕人，還得配上一雙修長的腿才行嗎？如果那麼喜歡長腿的話，乾脆到非洲跟長頸鹿結婚好了。我奉勸矮個子的男性，不必再悲哀，天涯何處無芳草，天下的女人，並非全都是淺薄之輩。

「個子高不如智商高？別儘說些無聊話了！妳跟我走！」

女性眞正喜愛的，就是要具有這種「魄力」的男性。

男女何以不同

有一次，我帶三歲的姪兒去木柵動物園玩，姪兒一直吵著要看猴子，可是很奇怪整個大柵欄裡卻沒有幾隻猴子。

姪兒還是不停地吵著：

「阿姨！我要看猴子，我要看猴子！」

我只好向旁邊的一位中年男士請教。

「先生，今天的猴子都跑到哪裡去了，怎麼只見到兩三隻而已？」

「哦，那是因爲現在是猴子的交配期，牠們都躲到洞裡去了……」

「那牠們都不會出來了嗎？」

那位中年男士聽了之後，深深地看了我一眼，才慢慢地說：

「小姐，如果是妳……妳會出來嗎？」

法國有如此的一則笑話——

有一個成年人給小女孩包裝的巧克力，再對她說——

「這裡有兩包巧克力，打開來都會呈現人形。這包是男人，這包是女人——妳要哪一包呢？」

女孩子考了一會兒才回答。

「嗯……我要男人。」

「爲什麼呢？」

小女孩裝著『我什麼都懂』的表情，很得意的說——

「既然是男人模樣的巧克力，當然會比女人多出了一『點點』

囉！」

連這麼小的女孩子都知道，男與女不同構造的「事實」。不過，想要論及「爲何」不同？那將成爲一道難題。

希臘的大哲學家柏拉圖，寫下了一則很美麗的神話。他說在上古時，人類的男女成爲一體，到了以後，才分成男女兩種。所謂的「性」，以拉丁語來說意味著「分割」。以致，世界上的男女爲了尋找另一個半身，吃盡了種種的苦頭。

如果以嶄新的解釋分析柏拉圖說的話，那可能是因爲——男女在經過漫長的歷史以後，由於受到文化、社會條件的影響，對於事物的想法、感受的方式，以及表現的方法，逐漸的變質，再也沒有原始形態的痕跡。

正因爲如此，到了今天，當男人看女人，女人看男人時，總會感覺到「何以異性會如此？」以致，對異性的心理及行動表示不解。本書在前面已經很詳實地解釋了這些「何故」。那只不過是把男女所表示的各種斷面，逐步的捕捉，再描繪出他（她）們的心理而已。最本性的「何故」可能要變成永久性的謎。

不過，我認爲這樣不錯啊！一旦這些謎全部被揭曉，人生將了無趣味，正因爲——男人對女人若干的地方永遠不解，女人對男人也感到若干的神祕性，方始能夠彼此吸引，彼此感到興趣，以及彼此相互關心。

德國作家卡爾．克庫曾說——

「神爲什麼要創造男與女呢？那是因爲，神想把所謂完全的人類概念，擺在我們個人外側的緣故。」

神的智慧是無限的，祂使男女彼此牽引，彼此關心。我們就不要違背神的美意，隨著「牽引的法則」生活下去吧！如此一來，對異性所抱持的諸多疑問，將使你的生活增加不少的情趣！

哎！女人妳想通了沒？

第三章

男性與女性的差異

男女的性格特徵

男性與女性之間，的確有差異。關於兩性的不同，在之前的章節中，已做了片斷性的敘述。到了結尾，我們把它們整理一番，再以總括而有系統的方式，重新的考量一番。

首先，我們不妨基於現象性的比較，看看男女如何的不同。荷蘭的心理學家兼哲學家懷曼斯，在一九一〇年出版了一本《性心理》的書。如下舉出了女性的性格特徵——

(1) 情緒容易起變化　(2) 容易感到不安
(3) 恐懼心比較強烈　(4) 悲傷有持續的傾向
(5) 憤怒不會維持長久　(6) 有一種求變化的欲求
(7) 喜歡笑　(8) 缺乏論理性
(9) 討厭抽象的東西　(10) 以直覺的方式看事物
(11) 比較衝動　(12) 比較任性

(13) 比較靈巧　(14) 虛榮心理

(15) 喜歡誇張　(16) 殘忍，但是較具有同情心

(17) 正直　(18) 具有宗教心

(19) 精神方面較薄弱　(20) 認眞，比較具有經濟觀念

(21) 對於病痛較能夠忍受　(22) 在幼小時，言語能力就很發達

總而言之，懷曼斯認爲女性比起男性來，比較拙於論理、抽象方面的思考能力，而感情方面也比較豐富。

大體上看來，這種看法相當「正確」。不過，關於個別的問題，然有疑問的餘地。例如第(5)項，女性的憤怒，時常會變成憎惡或者憎恨，長久持續下去。這一點是值得注意的。至於第(6)項，乍看之下，女性似乎喜歡變化。本質上，她們都是比較喜歡靜、保持現狀及保守。不過像第(16)項的觀察卻是非常的敏銳。

根據於這些特點，美國的李普曼展開了大規模的研究。一直到一九一七年爲止，他整理了七百種有關心理特徵的資料，以及若干懷曼斯的調查結

果。同時，他本身也對多數教師展開問卷調查，詢問教師有關學生的學業以及嗜好，對於各種學科的喜好或厭惡等。甚至還問學生「希望自己具有哪種性格」，和「最喜歡的人物」。然後，再根據這八千五百四十二件的調查問卷，比較男女兩性的性格。

男性比女性優良的特性爲——對於空間的把握、對時間的知覺、重量感覺、數學、圖畫、政治活動、實際活動、職業觀念、權力慾、名譽慾、勇氣、機智、熟慮等。

而女性比男性優良的特性爲——味覺、聽覺、色彩感覺、想像力、書寫、手工藝、外國語、博愛主義、宗教心、禮節、勤勉、規律、謙遜、情緒性等。

男性的規律、正直、謙遜方面，比不上女人，而女人的最大特點就是膽小、虛榮心強烈，以及衝動。

這以後，阿爾凱蘭達也舉行了大規模的調查，並於一九三一年發表他的研究心得。他說，男女對於外界的把握方面，男性以標識抽象的方式行之，女子則以全體性的方式行之。法國的女性心理學者維貝兒，曾經以少男少女爲調查對象，於一九三二年提出報告說，男子帶有爭鬥、抵抗，以及偏執性。女子則帶有恐懼、憂鬱的傾向。

把以上的觀點綜合起來，可歸納如下。

第一、男性以「智」爲主，女性以「情」爲主。

第二、男性主動，女性被動——這兩種差異將影響到自我的特性。

第三、男性開放，女性保守。

第四、對於外界，男性採取對立的姿勢，女性則採取融和的姿勢。

第五、在對人的自我意識方面，男性屬於支配性，女性則屬於追隨性。

第六、男性獨立，女性依賴。

第七、男性時常持著優越感情，女性則時常持著劣等感情。

第八、基於這種特性的不同，在自我的客觀性表現方面，男性比較自私，女性比較顧及他人；男性比較激昂，女性比較抑鬱。

當然啦，上面的比較是一般性的。

因爲，在這個世界上有女性化的男人，也有男性化的女人。

那麼，何謂「像男人」，什麼又叫做「像女人」呢？

我們時常會說「她很有女人味！」或者「他不像一個男人」！

然而，一旦被問及何謂「很有女人味」時，卻很難以答得完整。

關於這一個問題，加州史丹福大學的塔曼教授，以獨特的方式，在一九三六年完成厚六百頁的巨著《性與性格》。

塔曼教授指出，欲研究男女性格方面差異，在第一個階段，就必須正確地把握兩性的性格。如果以漠然的眼光看這個問題的話，那就不能展開敘述。所謂的「很有女人味」，其標準多得不勝枚舉。於是，爲了講述這個問題，傳統先入爲主的觀念就會發生作用。

例如——聲音、體態、態度、服裝、職業等，立刻就會被與「女人味」連結在一起。諸如這種先入爲主的看法，因個人的想法，以及個人所屬的階層，而有著種種的不同。

第二、所謂的性格，單憑表現於外的行動，實在很難以下判斷。因爲有一些女性乍看之下，動作及舉止很有女人味，但是在內心裏卻是十足的男性化。同時，也有內心很有女人味，而動作舉止卻有如男子的女人。

第三、爲了獲得正確的答案，必須對多數的男女，再展開調查。但實際上做起來相當的困難，正因爲如此，人們都會觀察自己身邊的女人，自認爲所謂的「很有女人味」正是「如此這般」，而犯了找一般化結論的錯誤。

爲了消除這種缺陷，塔曼創造了所謂的「性向測驗」。

他希望藉著這種測驗，能夠客觀地評價所謂的「女人味」以及「男人味」。是故，當他在製作測驗問題時，充份的參考「性差研究」的結果。同時在使測驗標準化時，更針對年齡、教育程度不同的人，以及不同職業、興趣、家庭環境的人，展開有組織、有系統的預備測驗，甚至對同性戀者也展開了調查。

據塔曼的統計，男性有選擇涉及科學以及工作的事項，使他們感到興奮，還有涉及冒險、食物名稱的傾向；女性則有選擇涉及家庭用品，以及裝飾品、色彩之物的傾向。

綜合觀之，在〈憤怒〉的那一項，以女性來說，比起工作方面的麻煩及人關係方面的糾紛，更容易傷害到她們的感情。一旦她急需幫助時，別人不理睬她，或者受到苛刻的待遇時，她就會感到憤慨。在〈恐懼〉方面，男女之門著顯著的差別。至於所謂的〈嫌惡〉，女人比男人更容易感受到。尤其是對於男人的卑劣行爲，女之及言語、猥褻的行動，可說太過於敏感。在〈憐憫〉方面，尤其是感到煩惱，或者困苦時之女性最富於同情心。至於〈道德〉方面，一般說來，因女性自我要求比較嚴格，她們對於細微的小事，尤其是對於男人的「毛病」，時時要非難。以〈比較〉方面來說，男人比較喜歡戶外的工作，具有冒險性的工作，與實用性的工作；女性則喜歡室內工作，外表看起來比較「美」的工作。

渡邊、村中式簡易性向檢查

日本的渡邊、村中兩氏，更進一步的使〈簡易向檢查〉標準化。因爲在表示性向方面，它所受到的評價相當的高。是故，奉勸諸君不妨試試。

有些外表看起來雄赳赳的男性，他的女性性向竟然很高，而有些嬌滴滴的女性，男性性向高得令人難以相信。

總而言之，算出自己的「男性化程度」，或者「女性化程度」，不僅能夠博得一樂，對你（妳）自己也很有益處。

不過在進行測驗時，不必考慮太多，因為太過於慎重的話，反而不能表現你（妳）自己的性向。

〔問題一〕——以下是令人發怒的十個問題。在各種場合之下，你會發怒到什麼程度呢？(a)非常的憤怒、(b)憤怒、(c)稍微憤怒、(d)不憤怒。你就看看以下的各項目，再把上述記號寫在題目下面。

1 別人譏你是懶惰鬼時
2 你分明不偷，別人卻叫你「小偷」時
3 你被一直當成朋友的人所欺騙時
4 開玩笑打哈哈時，朋友突然摑了你一巴掌時
5 聽到有人在嘲笑你身上穿的衣服時
6 你不說謊，別人卻說你是騙子時
7 跟人吵嘴而被用力猛毆時

8　在衆人面前，有人說你壞話時

9　看到老人在車廂裏站著，年輕人卻坐著時

10　聽說友人在欺負某人時

〔問題Ⅱ〕——以下有十種令人恐怖的現象。在各種場合之下，你會恐怖到哪種程度呢？(a)非常的恐怖、(b)恐怖、(c)稍微恐怖、(d)完全不恐怖。選出一個答案，在寫在各項目下面。

1　發生地震，使你的房子強烈地搖晃起來時

2　單獨走過暗無人煙的小路時

3　聽說強盜進入隔壁時

4　發出很大的響雷聲時

5　看到毛毛蟲爬到你衣服上面時

6　聽到鬼魂現形的故事時

7　暴風雨時

8 看到蛇從草叢爬出來時
9 馬兒脫韁奔向你時
10 站在深淵岸上時

〔問題Ⅲ〕——以下是十種令人感到難受的場合。在各種場合之下，你會發生何種程度「難受」的感覺呢？(a)非常的難受、(b)難受、(c)稍感難受、(d)不覺難受。你就選擇一種記號寫在各項目下面。

1 說下流話
2 酩酊大醉的人
3 骯髒的手指甲
4 骯髒的衣服
5 汗水的味道
6 散亂的嘔吐物
7 老鼠的屍骸

8 緊急剎車的聲音

9 蛆蟲

10 滲出血液的繃帶

〈問題IV〉——以下是令人感到可憐的十種場合。對於以下的各種場合，你會感到何種程度的可憐呢？(a)非常可憐、(b)可憐、(c)稍微可憐、(d)不可憐。選擇一個記號，把它寫在各項目下面。

1 聽到你認識的孩子喪失雙親時

2 聽到某人在孩童時代，因爲貧困而三餐不繼時

3 聽到附近的老人病入膏肓，再也好不起來時

4 看到一隻小雞被貓咬到時

5 看到拿著拐杖走路的人時

6 看到孤單老人家的乞丐時

7 看到蝴蝶卡在蜘蛛網，正在掙扎時

8　聽到某一個孩子爲了救朋友，自己也溺死時
9　受到天然災害，農夫的田園損失慘重時
10　看到學生受到教師嚴責時

〈問題Ⅴ〉——以下是叫人或到「不齒」的十種場合。在各種場合下，你會感到何種程度的不齒呢？(a)非常的不齒、(b)不齒、(c)稍微不齒、(d)沒有什麼感覺。從中選擇一個，把它寫在各項目下面。

1　摘取公園的花
2　說下流話
3　爲了芝麻小事就暴跳如雷
4　在人行道上吐痰
5　在毫無理由之下，跟老師或者長輩頂嘴
6　爲了自己的利益，不惜欺騙他人
7　偷母親的錢包

8　考試時作弊

9　浪費成性

10　欺負弱小

回答完以後——

請根據下頁附表的計分標準，計算自己的總分。

得分越高男性化的程度越高。

得分越低女性化的程度越高。

10	9	8	7	6	5	4	3	2	1	事項／程度	
-1	-3	+1	+5	-2	-2	+3	-2	-2	+1	a	問題I
-1	-1	-1	-1	0	-2	+6	0	+1	-1	b	
+2	+3	-1	-3	+1	-1	0	+1	+1	0	c	
+5	+1	0	-2	+4	+3	-6	+2	+4	0	d	

10	9	8	7	6	5	4	3	2	1	事項／程度	
-6	-8	-7	-7	-5	-9	-7	-5	-8	-8	a	問題II
-5	+2	-1	-3	-4	-7	-4	-5	-5	-3	b	
+1	+7	+3	+5	-1	+2	-3	+1	+3	+5	c	
+6	+10	+9	+5	+6	+8	+8	+8	+6	+6	d	

10	9	8	7	6	5	4	3	2	1	事項／程度	
-7	-6	-3	-6	-7	-6	-7	-5	-7	-5	a	問題III
-4	+3	+3	+5	+6	+2	+1	0	+1	-2	b	
+5	+7	-1	+4	+6	+8	+9	+6	+5	+4	c	
+9	+9	+6	+7	+6	+11	+12	+7	+8	+8	d	

10	9	8	7	6	5	4	3	2	1	事項／程度	
-6	-5	-5	-3	-5	-6	-3	-3	-4	-3	a	問題IV
0	+4	+3	-3	0	+1	+1	0	+4	+2	b	
+6	+3	+3	+6	+3	+5	+4	+1	+1	+6	c	
+6	+3	+30	+2	+3	+6	+6	+5	+2	-2	d	

10	9	8	7	6	5	4	3	2	1	事項／程度	
-3	-3	-5	-1	-4	-3	-5	-4	-4	-4	a	問題V
+2	+1	+5	+1	+4	+2	+4	+1	-1	+2	b	
+4	+2	+2	+1	+3	+2	+6	+5	+9	+4	c	
-2	+6	+6	-4	+26	+3	-2	+2	+8	+28	d	

性格的差異是與生俱來的嗎？

塔曼的試驗，首先把男女兩性性格的差異，很明顯的區分開來，再以量爲單位，測定其程度，結果獲得成功。容格（Carl Gustav Jung，瑞士的心理學家）的性向檢查，並不止於外向性等於男性，內向性等於女性而已。男性裏面也有性向指數低，比女人更爲內向者；而女人群裏面也不乏比男人外向，性向指數高的人。不過，除了極少的一部分例外，塔曼所舉行的測驗，並沒有男女得分交錯的情形。可見，這種測驗，可以把男女的不同，正確地識別出來。

不過話說回來，雖然這一點很優秀，然而仍舊會留下根本性別的問題，例如，想利用這種測驗出的性向，到底又是什麼東西呢？法國心理學者畢內跟西蒙，在一九〇五年發表了所謂的智力測驗。然而所謂的智商，也包含了判斷力、推理能力、記憶力，以及其他種種複雜的因素。

正因爲如此，「何謂智商？」又變成了學術界研討的問題。關於這個問題，畢內答以「所謂的智商也者，乃是吾輩利用智力測驗所測定的東西。」

如果眞是這樣的話，問題就變成本末倒置了。就連塔曼所謂的男性氣度、女性氣度，也不得不使我們感到有所疑惑。

如果要解答這個問題的話，必須先探究男性氣度（男性性格），以及女性氣度（女性性格）如何的被形成。單是列出無數女性的性格特徵，仍然不能理解「富有女人味」的本質。爲了得到答案，必須弄清楚兩件事，那就是——「如何」及「爲何」使人富有女人味。

欲從生理方面的不同，說明男女性格不同的根本原因，實在很簡單。最爲明顯的例子是：男人不管如何的作威作福，他仍然不能憑自己生孩子。以致，他們只好基於這個事實，規定女人爲「生孩子的性別」，再從這一點解釋一切事物。

換句話說，女人以生育孩子爲自己的本性。因此，她不會產生對外挑戰的心理，只會產生對外保護自己「窩巢」的念頭，爲此才會保有懷恩曼和李普曼所列舉的特性。建立家庭、生子、守著丈夫——如小鳥的做巢本能。也就是說戀愛、結婚，以及照顧丈夫與孩子，這三件事乃是女人的全部生命。

對男人來說，戀愛只是人生的一面而已。但是對女人來說，「戀愛就等於她的生命」。一旦女人感到「非在一場戀愛爭取到勝利，或者非克服某種困難，就不能獲得幸福婚姻。」的話，她就會發奮起來，甚至敢冒著男人不敢嘗試的危險。即使有了家庭以後亦是如此。一朝當她感覺到自己不奮鬥，就不能保護生病的丈夫以及孩的話，即使是平常「很有女人味」的婦女，也會發揮出一種叫男人瞠目結舌的勇敢。

多數的女性在戀愛期間，嗲聲嗲氣，對情人撒嬌，一旦結婚以後就喜歡照顧老公與孩子。一位名叫克倫華德的心理學者說：「女性的第一個特徵，就是喜歡照顧她所愛的人。」不過，老公如果沒有把薪水袋原封不動地帶回家，她就會把柳眉倒豎了起來。甚至有些女人爲了老公能多賺一點錢，不惜一切手段。像馬克白夫人爲了使老公爬到更高的位置，不惜殺死了鄧肯王。她也就是女性虛榮、貪慾，以及殘忍的象徵。爲了自己所愛以及所依靠的男人，無論什麼事情她們都做得出來。這些也是紮根於女性生理的要素。

依據這種說法，那麼，女性的被動性，也是來自她們的生理。基於自然淘汰的原理來說，爲了繁衍種族，必需多多的撒播種子。不過被撒到地上的種子，不能同時培育太多。正因爲如此，早期的一夫多妻是生物界的自然姿態。女人非難男性花心，事實上，這也是基於生理的原因。並非女性特別拘泥於道德。

譬如狗、貓、羊、兔子等的低等哺乳動物，雌性必須在一定時期內才能夠交尾，但是雄性卻隨時都能夠交尾。以性器的構造來說，雄性很容易受到刺激。是故，比起雌性來更難以抑制……總而言之，因爲有了這種生物性的條件，女性才變成了被動之性別。以致，很自然就會流露出嬌媚之態，以及吸引人的美姿。同時，爲了希望受到他人的注目，她們會追隨流行，處處表現虛榮心。

女人所以成爲「未分化性」，也是起因於生理。在本書中曾經提過，女性以自我爲中心，其實這也是未分化的一種。女性不怎麼喜歡用嘴說話，而喜歡以體態、舉止表現自己的意思。眼睛比嘴巴更會說話的伎倆，女人就男子擅長多了。男人「送秋波」的技術太差的話，會叫旁人誤以爲風沙飛進他的眼睛呢！

說來說去，驅使蕩漾的眼神看東西，還是最適合於女人的風情。諸如這般的「未分化性」，亦基於生理方面的原因。例如以性感帶的分佈來說，男性顯得集中，而女性卻是分散。就以性感曲線爲例子，男性呈現銳角，而女性卻呈現鈍角現象，這與女性性感起伏緩和不無關係。

維也納的哲學家——奧多．威寧卡，似乎生下來就喜歡說女人的壞話。他說，女人天生是蠢貨，又是劣等的動物。他在二十三歲時寫了一本叫《性與性格》的著作，在二十三歲就自殺身亡。在這一本書裏面，到處散佈著激烈的言詞，把女人貶得一文不值，說什麼——「最低級的男人，還遠遠的超過最高級的女人。」

他在精神生活方面，好像有一種漠然、迷亂，模糊而曖昧的意識。這有點類似思考前段的狀態，也有些朦朧式的預感味道。就好像聽到別人說話，感覺到對方的見解錯誤，可是又說不出明顯理由一般。他把這種狀況稱之爲「混爲一體」。以男性來說，他們能夠針對「混爲一體」，一步一步地把它變成清晰而容易判斷的觀念。但是，女性卻老停留於「混爲一體」的階段。因爲這樣，所以女性無法對事物下客觀的判斷。

女性的思考，老是「滑過」事物的縫隙而已。也就是說，只輕輕的「舔」事物的表面罷了。並不像男性一般，朝向「本質的深奧之處」思考。

在這種狀態之下，爲能捕捉到眞正的事態呢？

通常，女性都不想驅使自己的腦筋，使「混爲一體」的思考明確化，一味的期待男性替她下判斷。正因爲如此，女人群中絕對出不了天才。女性的記憶，除了涉及性方面的體驗以外，毫無傑出的表現。威寧卡又說，女性既不是道德的信徒，也非屬於不道德的一群，只不過是「無」道德罷了。

關於威寧卡對女人的譏嘲，女性心理學者薇兒登以她的著作《性心理學的眞理與誤謬》，展開強烈的反擊。她是耶拿大學的教授，屬於女鬥士的典型，時時以男性的匿名展開爭論。威寧卡與薇兒登都屬於感情激型。同時，對於異性充滿了偏見。

薇兒登如此的展開反駁——威寧卡口口聲聲說，女人缺乏理論性。

例如，夫婦跟朋友一塊兒欣賞歌劇的場合，丈夫及他的同性友，不斷的讚揚一名女演員，只有妻子一直在批評她的缺。於是男人就說，她是因爲嫉妒心在作祟，因此下達不正確的判斷。事實上，也是因爲男人受到性方面的左右，無法作正確的判斷罷了。倒是女人才能作冷靜而客觀的評價。批評女性是劣等動物，實在是令人無法原諒。

在智力測驗或者學科考試方面，若有人提出女性的成績比較好的資料時，男人就會自以爲是的說：「那是男女精神發達的步調不同的緣故」，或者「女人預先就練習過」，然後又搬出「那麼該歸於教授方式的好與壞」、「那只是單純的個人差異罷了」、「女人懂得努力」……等等的說詞。

說什麼「女人中沒有天才」、「女人缺乏創造性」，或者在比較男女的場合，說「男性是優等」、「女性是次等」，甚至一旦有了女性的傑出者出現，還會利用「例外」論斷，這未免太不公平了。

有些男性甚至說，女性乏缺政治方面的能力。那只不過是男性的「支配意識」在作祟罷了。在封建時代裏，執政者都認爲庶民對政治無能，現在的男性只不過是把舊調重彈而已。男性害怕失去支配的地位，是故在有形無形中，直接或者間接地禁止女性進入社會。

「女人量狹小不宜從政」，這是男人的藉口。事實上，男人的肚量才狹窄呢！女人雖然受到男人的壓迫與干涉，但是，她們是寬大的原諒了男人。

說「女人是饒舌」，亦是基於同樣的心理。不外是要女人保持沈默，不去批評男性的支配行爲。

支配者都有一種錯誤的推理方式，認爲自己所缺乏的東西，被支配者更不可能擁有。例如，男孩子感到棘手的學科，他們都會認爲女孩子更學不來。甚至連大哲學家康德也說：「讓女人學幾何學，那未免太牽強了吧！」

以上種種的謬論，是爲男人研究女性心理的必然結果。

倫普洛索舉出探險者被土人女子所救的例子，發表女性比男性富於同情心的話。只是，他遺漏了探險者是男人的特點。女人對同性的同情並不深刻。女醫生對男病人很親切，可是對女病人卻常是敷衍一下而已。老小姐的舍監對女學生一向很嚴格——薇兒登的筆鋒也很潑辣，而且很富於挑戰性。

女性的性格是由社會所塑造

薇兒登的論調，雖然有些古怪，但是，她曾一再強調的問題——女性的性格並非「與生俱來」，而是支配與被支配的社會形態所造成的——實在值得注目。

在這之前，懷曼斯基於女性在生理方面屬於「母性」的觀點，認爲女人的根本性格在於動情性。而李普曼則認爲——這種的感情興奮性乃是女性「容易受到傷害」的性格。然而，能夠歸於生理方面的原因，到底有多少呢？這一個問題有重新考慮的必要。

月經是女性特有的生理狀態，這一種現象跟女性的性格是否有關係呢？佛洛依德與同爲精神分析的醫生的修畢凱爾，異口同聲的說「有關係」。因爲初潮使她們感到震驚，以致人類基本慾望的性慾被壓抑，而仗女性成了被動的性格。不過，這種說法令人置疑。

西蒙・波娃在《第二性》這部著作裡面提出，女性自覺到性的契機爲初潮。不過，日本橫濱國立大學的間宮武夫氏在一九五一年，以八四〇名女子爲對象展開調查的結果，因體驗初潮而使生活態度變化者，女學生有二二%，而職業婦女則只有十二%。問她們如何變化時，大多數的人答以「再也沒有幼稚的舉止」，小部分答以「開始關心異性」，並且感到驕傲。

現代的女孩子都有教師和母親指導，是故，幾乎沒有人感到驚訝或是悲哀。因此，女性之所以變成被動，並非這方面的震驚所使然，而是社會要求她們那樣的緣故。

換句話說，人一生下來就會被區分爲男女，接受到不同的待遇。初生嬰兒的衣服是最好的例子。接下來，女孩子將被取一個女性的名字、甚至衣著、她所持之物、行爲、言語的使用，都會使之充滿女性味。上小學時，長輩會教誨她「女孩子應懂得禮貌」。到了國中階段，長輩又會如此的說「妳是女孩子啊，應該幫母親做家事。」待上了高中，人家又會說「妳的舉止應該端莊一些，否則的話，將來沒有人會娶妳。」在成年的階段，她會逐漸的被融入社會的教養裏面。換句話說，社會將塑造出女性的性格。是故，不能只考慮到生理的條件，也應考慮到社會的條件。

即使採取「被塑造」的看法，精神分析學者佛洛依德，仍然強調爲「性」方面的解釋。他說——當女孩子在幼小時發現男孩的性器跟她不同時，她會感到自卑。這種自卑將變成「心結」（Complex），使女性抱持著劣等感。有時，她會不甘於這種劣等感的想法，於是有心想超越男子。

法國的精神分析學者波多安，稱這種現象爲黛安娜情結。黛安娜是月神，她一手持著弓，帶一隻鹿展開狩獵；她是強過男人的單身女神。波多安曾經以數十名女子爲對象展開調查，結果有很多女人答以「願意生爲男兒身」。多數的女人雖然在嘴裏不說，但是打從幼兒起，就懷著這個願望長大。據波多安說，女孩子所以那麼喜歡玩布娃娃，乃是用它來替代「陽具」之故。

果然眞的如此嗎？這裡還有相反的資料。例如，心理學家哈丁道夫曾經以一七九七名美國男女爲對象，進行了一次調查，但是他並沒有獲得女孩子羨慕陽具的證明。

一時爲熱衷於進行佛洛依德派理論的阿德勒，卻不像佛洛依德那般的重視「性」。他認爲女性的特徵，乃是基於男性支配社會所給她們的劣等感，日積月累之後形成的。人類已經維持了好幾年男性支配，以及男性優越的社會。就好像門把、文字的書寫方式，都是有利於使用右手的人一般。有的習慣、制度、法律等，也都是有利於男人。孩子自小目睹家裏的絕對權力者——父親而長大。以致，養成了有勇氣、獨立、成功、性方面的自由等，都是男性的資格與特權之觀念。反過來說，女性將被認爲是神經質、容易被暗示、嫉妒心，以及朝秦暮楚等，是爲她們的特性。

新佛洛依德派的女性學者荷納伊也跟阿德勒一樣，反對佛洛依德以

「性」爲中心的看法。她認爲佛洛依德錯誤的看法，乃是分析神經衰弱症女人所獲的結果。針對此她舉出兩個理由：第一是他看到患者中有不少的女人，表示希望能夠支配男人，或者像男人一般自由在的生活，以致毫不考慮的認爲——這就是「羨慕陽具」的情結在作怪；另外一種理由是：精神分析醫生的證明，使患者感到受用，以致接受了醫生對她的看法。

如有一個患者對精神分析醫生如此的說：「我的老公一直無視於我的存在，根本就不想疼我，難怪我會變成歇斯底里！」

精神分析醫生在聽完了她的訴苦以後，答道：「妳的老公其實是一位很優秀的人，只是他太熱衷於工作，才忘了跟妳親熱。妳實在很貪心，而且也未免太任性了一些！」

一聽醫生作此說明，患者一定會在內心咒罵著說——「你這個蒙古大夫！」而使結果更爲惡化。

如果精神分析醫生說成，「妳的不滿令人同情。身爲女人者，幾乎內心裏抱憾自己生爲女兒身。就算偶爾丈夫發洩一下，原無可厚非。妳的潛在意識裡，可能一直在埋怨神把妳塑造成沒有PENIS（陰莖）的性別……」如此的說明，就能夠女人受用得多了。她甚至還會說精神分析醫生硬是要得！他似乎看穿了我的內心。

荷納伊認爲——如果女性抱著「寧爲男人」的願望，那麼她並非憑身體條件去達到目的，而是憑著社會與文化條件去成。她如此的說——女性所謂渴望的東西，不管是愛情、「性」方面、家庭或者是孩子，男性已經霸佔了很長的一段時間。在這種的社會環境裏，女人已經習慣於依賴性的生活。但是，依賴性的生活久而久之會使人產生不滿。正因爲如此，有時，女人會在社會地位方面，抱持著劣等感。而這種劣等感，有時也會使女人萌山生爲男兒身的願望。

荷納伊又說——有時，女人的男性願望，也會變成一層保護「野心」的面紗。遇到女人想在工作、研究、事業、戀愛方面，有超人的高度成就慾望時，她就會跟其他人展開競爭。爲了不招致失敗，處處小心，有時難免會嫉妒。只要有了嫉妒，內心就會感到緊張的情緒高昂，而後隨之產生「不安」。一旦產生不安，想成事的野心就會遭受到阻礙。到了這種地步，遭受到壓抑的野心，將尋找替自己辯護的理由。以致會如此的安慰自己說——

「恨不生爲男兒身！」或「正因爲我是女人，所以才遭受到挫折！」

荷納伊很重視「不安」這一句話。其實，每一個人的內心都隱藏著「原始性」的不安，而它正是引起種種「不安」的來源。是以，荷納伊稱它爲「基礎不安」。爲了保持安定的對立關係，進入社會起見，人們必須使自己的行動，配合社會所要求的型態，每一個人都有發揮自己本身的能力的衝動。可是往往會遭受到周遭的壓迫。於是你就會對他們抱持敵意。

不過，這種敵意會被壓抑下來。到頭來，壓抑被投射到他處，以致使你感覺到「周遭的人都對我懷有敵意！」在這種充滿敵意的氣氛下，沒有任何的協助，只有一個人茫然的獨處。最後，無力感、孤獨感會籠罩著你。在這種情形之下，你當然會感到不安。

爲了從這種不安之中來保護自己，應採取什麼方法呢？

通常都採取下列四種方法之一。

1．鞏固自己的權力、財力、影響力。或者在地位、財產、名譽等方面，高人一等。

2．一向不抵抗，默默的過日子。爲了使自己不顯眼，或者妨礙到他人，甘居人下。

3．無條件的服從。對方要求什麼就做什麼。

4．取得博愛。只要有人愛妳，這個人就不致於傷害妳，而且能夠對外保護妳。

女性因爲受到社會文化條件的限制，幾乎不採取第一種方法，差不多都採取其他的三種方法。尤其是往往在無意識中，偏重於第四種方法。

德國的女性心理學家赫莉妮說：「女性與生俱來有『被虐』的傾向」。

荷納伊則認爲「女性之所以看起具有『被虐』的傾向，乃是她們喜歡採取第二，及第三兩種方法的緣故。」所謂的「被虐」者，並非一開始就是性的現象，亦非女性特有的傾向。

又如——不明顯的依賴態度，不久會形成一種敵意（想反抗的心理），以致成爲將雙重的被壓抑者。其實妳必須弄清楚，「被虐」的涵義中必定隱藏著虐待的心理。

至於女性會高估愛情的價值，乃是因爲她們喜歡採取第四種方法。世上的男人很會批評女人。他們喜歡說——男人的愛情博大，女人的愛情堅深。

又說——男人的愛混合著肉慾，而女人的愛比較崇高。或者反過來說，女人的愛摻雜著虛榮心，又精於打愛情算盤。這是女人爲了維持被動性，一方面又要信奉愛中心主義所致。

有如以上所敘述一般，荷納伊強調男女的性格與特性所以不同，乃是受到社會、文化等條件限制之故。瑪格莉特・米多又聲稱，她曾經在文化人類學的領域，實證了這種說法。她曾經仔細的觀察新幾內亞三個種族的生活方式。如果以我們的社會觀念來說，該族的男人爲女性，而女人則爲男性。女人從事生產和戰鬥，男人則閒來無事，只能製造工藝品。就以「女人味」來說，不同種族之間也有天壤之別。例如，巴里島的土著喜歡輕拍女孩陰部，誇獎她說：「妳長得好美！」波里尼西亞的馬奴斯族，反而禁止女孩擺出媚態，就連走路擺動臀部也被認爲是羞恥的事。

在經過如此的實地調查以後，瑪格莉特在一九三五年，也就是她完成著名的《男性與女性》一書以前，寫了一部《性與氣質》。她在這一部著作裏面說：「所謂的男性特質、女性特質者，並非從基本的性差異所產生，而是反映了他們所居住的社會文化的條件。」

她如此的下結論。在各種不同的社會裏，男女所具備的特質能力、任務等，並非男女生就具有的特質與能力的結果。那些都是社裏傳承下來的文化型態。也就是說，男女必須學習基於習慣的一定方式，如此才能夠固定男人的所有物。

如果這種說法正確的話，那麼，我們社會的「男子氣慨」、「女人味」，很可能會隨著時代變質。

的確，在最幾年來，女性變成強大很多。同時，女性任主管職位的人也逐漸增多。她們進入社會的動機，並非「生活困苦」，而是「想擁有自己的房子及車子」，或者想賺一些「渡假費用」等等。很明顯的在爲老公分勞，或者產生了一種社會使命感，而進入社會第一線的工作。另一方面，有些男性也顯露出了疲勞感，況且他們的服裝與態度也日趨女性化。如果一直保持著這種形勢，會不會產生文明圈的「女強男弱」現象呢？

不過，只要有人類存在，男女的話題就一定會不斷的產生；也就是說「男女大作戰」會持續地進行著……男人啊！加把勁吧！女人啊！妳也不必客氣……

〈全書終〉

國家圖書館出版品預行編目資料

男女刺蝟心理學／麥朵琳 著　初版，
新北市，新視野 New Vision，2025.06
面；　公分 --
ISBN 978-626-7610-09-1（平裝）
1.CST：成人心理學　2.CST：兩性關係

173.3　　114004357

男女刺蝟心理學

麥朵琳／著

出　　版　新視野 New Vision
製　　作　新潮社文化事業有限公司
電話 02-8666-5711
傳真 02-8666-5833
E-mail：service@xcsbook.com.tw

總 經 銷　聯合發行股份有限公司
新北市新店區寶橋路 235 巷 6 弄 6 號 2F
電話 02-2917-8022
傳真 02-2915-6275

印前作業　東豪印刷事業有限公司
印刷作業　福霖印刷有限公司

初　　版　2025 年 07 月